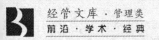

经管文库·管理类

前沿·学术·经典

本书获咸阳师范学院学术著作出版基金资助

本书获咸阳师范学院学科带头人项目资助（项目编号：XKDT20212108）

RESEARCH ON PHYSICAL HEALTH EDUCATION AND
EXERCISE PROMOTION FOR ADOLESCENTS

青少年体质健康教育与运动促进研究

孙晓娟 著

经济管理出版社

ECONOMY & MANAGEMENT PUBLISHING HOUSE

图书在版编目（CIP）数据

青少年体质健康教育与运动促进研究 / 孙晓娟著 .
北京：经济管理出版社，2025. 7. -- ISBN 978-7-5243-
0482-1

Ⅰ. G479；G806

中国国家版本馆 CIP 数据核字第 20258YC196 号

组稿编辑：杨国强
责任编辑：杨国强
责任印制：许　艳
责任校对：王淑卿

出版发行：经济管理出版社
　　　　　（北京市海淀区北蜂窝 8 号中雅大厦 A 座 11 层　100038）
网　　址：www.E-mp.com.cn
电　　话：（010）51915602
印　　刷：唐山昊达印刷有限公司
经　　销：新华书店
开　　本：710 mm × 1000 mm/16
印　　张：12
字　　数：215 千字
版　　次：2025 年 9 月第 1 版　　2025 年 9 月第 1 次印刷
书　　号：ISBN 978-7-5243-0482-1
定　　价：98.00 元

·版权所有　翻印必究·

凡购本社图书，如有印装错误，由本社发行部负责调换。

联系地址：北京市海淀区北蜂窝 8 号中雅大厦 11 层
电话：（010）68022974　　邮编：100038

近年来，随着社会经济的快速发展与生活方式的变迁，青少年体质健康问题越发受到社会的广泛关注。青少年作为国家未来的中坚力量，其体质健康水平不仅关系到个体的成长与发展，更是影响国家综合实力的重要因素。然而，近年来青少年体质健康水平呈下降趋势，肥胖、近视、心理问题等健康问题日益普遍。如何有效提升青少年体质健康水平，已成为健康教育领域亟待解决的重要课题。

青少年体质健康教育与运动促进旨在通过科学的教育与运动干预措施，帮助青少年建立健康的生活方式，提升体质与心理健康水平，从而为其长远发展奠定坚实基础。本书围绕这一主题展开，系统分析了青少年体质健康的现状、影响因素以及促进方法，提出了以教育与运动为核心的干预策略，为相关领域的研究与实践提供了理论与实践支持。

本书共六章，内容涵盖了青少年体质健康的相关概念、状况分析、教育与管理、理论与政策实践、运动促进方法以及保障措施与服务体系的构建等。第一章系统梳理了体质健康及相关概念，包括体质、健康观与健康促进的基本内涵，为全书奠定了理论基础。第二章从多个维度分析了当代青少年体质的特征与健康状况，揭示了影响青少年体质健康的主要因素，为制定干预策略提供了依据。第三章聚焦青少年体质健康教育与管理，探讨了教育的目标与要求、原则与方法，以及管理的模式与程序、服务体系，强调科学管理对青少年健康水平提升的重要性。第四章分析了青少年体质健康促进相关理论与政策实践，结合社会治理原则与治理途径，提出了健康促进的系统性解决方案。第五章围绕青少年体质与心理健康的运动促进方法展开，具体探讨了身体素质训练方法、心理问题及处理以及社会适应能力的提升，为青少年提供全方位的运动促进策略。第六章从青少年体质健康促进的保障措施及服务体系构建的视角出发，重点探讨了青少年健康生活方式的养成、膳食营养的科学搭配、损伤与疾病的及时防治以及体质健康促进服务体系的构建，并提供了切实可行的实施建议。

　　本书的特点在于内容的系统性与实践性兼具。首先，本书紧密结合当前青少年体质健康领域的研究动态与实践需求，以科学理论为基础，融入实践分析，使内容更具现实指导意义。其次，书中既有对宏观政策与理论框架的深入解读，又涵盖了微观层面的实践操作，如具体运动方法与健康管理策略，确保读者在理论与实践之间实现良好的衔接。最后，本书从多角度、多层次对青少年体质健康问题进行了全景式探讨，包括社会、学校、家庭等不同主体的角色与责任，为构建青少年健康促进体系提供了全面视角。

　　本书不仅适合从事健康教育、体育教学及相关管理工作的专业人士使用，还可作为各类院校相关专业师生的参考书。对于关注青少年健康发展的家长、社会组织和政策制定者而言，本书也具有重要的参考价值。由于时间有限，书中难免存在不足之处，恳请广大读者提出宝贵意见，以便在未来的研究中不断改进与完善。

目 录 ◀

第一章　体质健康及相关概念

第一节　体质

一、体质的概念

体质，通俗来讲就是人体的综合状况。它不仅受先天遗传的影响，还与后天的努力息息相关。详细来说，体质体现在人体的多个维度上，如形态结构、身体素质、生理功能、运动能力和心理发展等，这些都有相对稳定且综合显著的特征。因此，可以将体质的核心内容概括为人的体能状况、性格特点、精神状态、生理机能以及适应能力等方面。

影响人的体质的因素众多，大致可归为两类：先天遗传与后天锻炼。先天遗传，如相貌肤色、形态结构，较为固定，难以改变；后天锻炼，涵盖体育锻炼、营养摄入、生活环境等，能在不同程度上塑造体质。作为人的重要基石，健康的体质是生命活动和工作能力的依托，更是追求健康长寿的前提。

简而言之，体质体现了生命运动与身体运动的和谐统一。要达到体质的最佳状态，需全面理解并科学调节。即便同为健康之人，体质也千差万别。衡量体质强弱，需综合考虑形态、功能、身体素质，以及对环境和气候的适应能力、抗病能力等多个方面。

二、体质的科学内涵

体质作为人类身体状况的直观反映，其科学内涵既广泛又深刻，包含生理、心理乃至社会等多个维度，是一个综合性的、不断变化的概念。下面从多个方面深入探讨和拓展体质的科学内涵。

（一）体质的统一性与有机性

体质，作为人体不可或缺的组成部分，展现了人作为一个统一有机体的全面状态。在这个有机体内，各项生理功能、心理状态以及运动能力紧密相连、彼此影响。青少年在学习和体育锻炼中的表现，直接反映了他们的体质状况。良好的体质是青少年高效完成学习任务、积极参与体育活动的基石。缺乏良好的体质支撑，任何活动都可能遭遇效率瓶颈或健康所带来的挑战。

（二）身体与心理的双向互动

体质的深刻内涵之一，体现在身体与心理两个相互交织的层面。这两者并非孤立存在，而是相互依存、彼此促进的。身体的健康状态对心理的稳定与成长有着重要影响，而心理状况又反过来影响身体健康。例如，正面的心理状态能够强化身体的免疫能力，而长期的心理压力则可能导致身体健康状况下滑。因此，体质水平的提升应当着眼于身体与心理的同步发展，秉持全人发展的理念。

（三）遗传与环境的双重影响

体质水平在很大程度上受到遗传因素的制约，种族、性别、民族、地域等差异在一定程度上预设了个体的体质潜能。然而，环境因素同样对体质产生深远影响，包括饮食习惯、生活方式以及体育锻炼等。尽管先天遗传为体质设定了基础框架，但是通过后天科学的干预措施，个体的体质水平仍然可以得到显著提升。例如，科学的锻炼可以增强心肺功能，而均衡的营养摄入则能优化身体的能量代谢。因此，在评估体质水平时，需全面审视遗传与环境这两大因素的综合作用，避免陷入单一或片面的视角。

（四）体质评价的全面性原则

在评估体质水平时，必须坚守全面性原则，以确保评价的客观与科学。体质并非单一身体素质或指标的体现，而是身体多项机能的综合结果。因此，耐力、力量、灵活性、心肺功能等都应被纳入体质评价的指标范畴。同时，体质评价还需充分考虑个体的年龄、性别、职业需求等具体状况，以制定个性化的评估方案。唯有通过科学且全面的评价体系的评估，才能准确反映体质的真实水平，并为后续的改善措施提供有力依据。

（五）体育运动对体质发展的促进作用

体育运动是提升体质水平的关键手段。通过参与合适的体育活动，个体的心肺功能、肌肉力量和柔韧性等关键指标均能得到显著改善。不仅如此，体育运动还能增强人体的免疫力，有效降低慢性疾病的发生风险。从更宏观的社会视角来看，国民体质的普遍提升对国家的长远发展具有深远意义。强健的国民体质是社会主义现代化建设的重要基石，因为它不仅提升了劳动生产率，还降低了医疗开支，促进了社会资源的优化配置。

（六）体质认知的动态发展

随着社会的进步、科技的革新以及认知能力的提升，人们对体质概念的理解持续深化。体质，作为一种不断演进的科学认知，其内涵并非静止不变，而是随着研究的深化而日益丰富。例如，现代科技的进步让体质研究能够借助大数据、人工智能等工具更精确地分析和预测个体体质的变化趋势。与此同时，体质的定义与范畴也在不断扩展，纳入了更多健康维度与社会因素。这种认知的持续演进，为体质研究开辟了新的视野与路径。

（七）体质研究的学科交叉性

体质研究作为一个研究领域，跨越生物学、医学、社会学、心理学等多个学科与领域。这种跨学科特性极大地丰富了体质研究的内容，为其发展提供了坚实的理论支撑与实践基础。随着研究方法与技术的不断革新，体质研究的范畴也在持续扩展，不仅聚焦于个体层面的体质问题，还逐渐深入到群体体质状况的分析及干预策略的制定。例如，公共卫生领域的研究能够揭示并干预影响群体体质的关键因素，而体育科学的研究则能制定出更为科学的锻炼方案，从而有效提升群体的整体体质水平。

三、体质的构成要素

体质作为人体整体状况的综合体现，由多种要素相互交织而成，这些要素协同作用，共同塑造了个体的健康状况与身体能力。具体来说，体质的构成要素主要有如图 1-1 所示的五项。

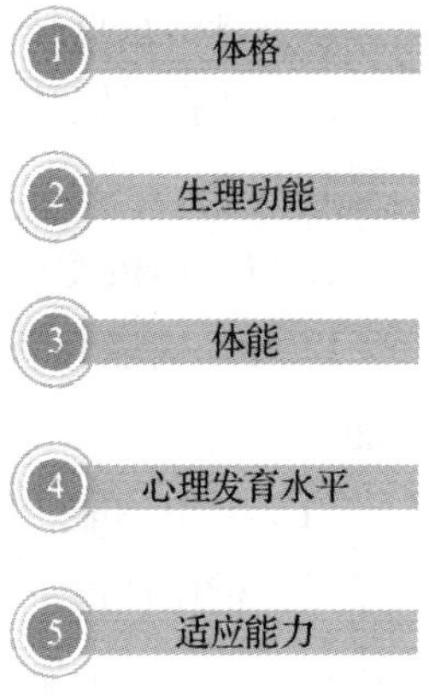

1. 体格
2. 生理功能
3. 体能
4. 心理发育水平
5. 适应能力

（一）体格

体格是体质的基础，主要体现为人体形态的发育程度。它是生长发育状况的直接反映，涵盖了身体的基本架构与外部形态。具体而言，体格与身体形态、姿态以及生长发育紧密相连。在实际评估中，身高、体重、胸围、腰围、臀围以及皮褶厚度等指标被普遍

图 1-1 体质的构成要素

运用，这些数据能够全方位揭示个体的发育特征与体质状况。例如，身高与体重的比例可反映营养状况，而皮褶厚度的变化则可体

现体脂含量的多寡。体格的优劣，直接关系到个体的身体机能与运动表现，是体质评价中不可或缺的一环。

（二）生理功能

生理功能是构成体质的核心要素，它涉及人体各个器官系统的运作状况以及新陈代谢的效率。详细来说，心血管系统、呼吸系统、消化系统、神经系统等各个系统的生理功能，在体质中都占据着举足轻重的地位。其中，血压和脉搏是衡量心血管系统健康状态的关键指标，它们能够直观反映出心脏的泵血能力以及血管的弹性程度。而肺活量则是评估呼吸系统健康状态的一个重要参数，它代表着肺的容积大小以及扩张能力。此外，代谢水平、内分泌功能等其他方面也在生理功能的评估中扮演着重要角色。通过对这些生理指标进行综合分析和评价，可以更加全面地了解人体的健康状况，从而为制订科学合理的运动计划和健康管理策略提供有力依据。

（三）体能

关于体能的概念，可以从广义和狭义两个方面进行分析。广义的体能泛指机体在先天遗传和后天训练的基础上所形成的、在各项活动中承受负荷与适应环境变化的能力，包括身体形态、身体功能、运动素质和健康水平四个方面的综合能力，其中运动素质是体能的核心。狭义的体能则指运动训练中的体能，即运动员为提高运动技术水平和创造优异运动成绩所必需的身体各种运动能力的总称，也是运动员机体对外界刺激或外界环境适应过程所表现出来的综合能力，其训练的重点是运动素质、专项运动能力和心理素质的提高。

体能依据不同的标准可以分为不同的类型，当前国内常用的体能分类方式主要有四种。

1. 以人体机能特性为标准进行分类

以人体机能特性为标准，可以将体能细分为两类，即健康体能和运动体能。

（1）健康体能。指任何人群都必需的器官和系统的机能能力，是运动体能的基础。健康体能主要以增进健康和提高基本活动能力为目标，即维持人体的健康状况，包括心肺耐力、柔韧性、肌肉力量、肌肉耐力等。

（2）运动体能。指在健康体能的基础上进一步发展的竞技比赛所需的身体机能能力。与竞技运动有关的运动体能，主要指运动员为提高运动技术水平，以追求在竞技比赛中创造优异运动成绩所需的体能为目标，即运动员机体对外界刺激或外界环境适应过程所表现出来的符合运动项目特点的速度、力量、灵敏度、协调性、平衡和反应等综合能力，其也与运动员的心理因素（主要是意志力）有关。

2. 以体能的获得途径为标准进行分类

以体能的获得途径为标准，可以将其细分为两类，即先天体能和后天体能。

（1）先天体能。指通过遗传而获得的机体能力。生理学研究证明，人的最大摄氧量水平、心脏的容积、肌纤维和神经系统的类型等都由遗传而来，遗传在很大程度上决定了人体有氧能力、无氧能力、力量和速度水平。因此，先天遗传特征给受训者体能水平的发展提供了可能性基础。

（2）后天体能。指通过长期有效的锻炼而获得的机体能力，即后天适宜的地理环境、社会因素和系统的运动训练可以使个体的体能水平得到发展。因此，必须在适宜的地理环境和良好的社会环境中进行系统、科学的体能训练，以有效提高个体的体能水平，增强体质。

3. 以体能的表现形式为标准进行分类

以体能的表现形式为标准，可以将其细分为两类，即训练体能和比赛体能。

（1）训练体能。指运动训练过程中运动员所表现出来的力量、速度、耐力、柔韧等素质，以及承受大负荷训练时机体的机能能力与心理能力。

（2）比赛体能。指运动员在比赛中始终保持正常的技术动作和完成技战术配合的能力，以及在比赛中由始至终保持高度的注意力和意志力等的心理能力。

需要注意的是，训练体能是比赛体能的基础，两者既相互联系又相互区别。

4. 以体能的供能特点为标准进行分类

以体能的供能特点为标准，可以将其细分为两类，即有氧体能和无氧体能。

（1）有氧体能。指以有氧代谢供能为主的体能。人体在氧气充分供应的情况下进行运动，人体吸入的氧气与需求相等，达到生理上的平衡状态。虽然人体有氧能力在很大程度上受到先天遗传因素的影响，但是长期的有氧锻炼能使人体的心血管系统、呼吸系统等方面发生积极的变化。一般认为，有氧体能主要通过后天长期的有氧锻炼来获取。

（2）无氧体能。指以无氧代谢供能为主的体能。人体在"缺氧"状态下进行高速剧烈的运动，运动时氧气的摄取量非常低，人体内的糖分来不及经过氧气分解，而不得不依靠无氧代谢供能，从而使体内产生过多的乳酸，导致肌肉疲劳、呼吸急促而不能持久。

（四）心理发育水平

心理发育水平作为体质的关键构成部分，其重要性丝毫不亚于生理发育水平。它深刻反映了个体的心理健康状态、判断能力的强弱以及个性发展的成熟度。健康的心理状态能够显著增强个体应对各种压力和挑战的能力，同时提升解决问题的效率，为个体的全面发展奠定坚实的基础。心理品质，如情绪稳定性、自信心和责任感等，都是影响个体社会适应能力和生活质量的关键因素。此外，心理发育水平还体现在个体的认知能力上，包括对事物的敏锐判断力、果断决策力等。这些能力的高低，直接关系到个体在学习、工作和社交等多个领域的表现。因此，提升心理发育水平与关注心理健康同等重要，是优化体质、促进个体全面发展的重要手段。

（五）适应能力

适应能力是体质的一种动态展现，它体现了个体在面对内外环境变化时所具备的应对能力和抗病实力。拥有强大适应能力的个体，能够迅速且有效地适应自然环境中的各种变化，如气温的起伏、湿度的波动，也能更加从容地应对社会环境所带来的种种挑战，如工作压力的增大或人际关系复杂性的提升。在生理层面，适应能力主要表现为机体对外界刺激做出反应的速度和效果，这其中涵盖了免疫系统的功能状态、身体对于疲劳的恢复速率等多个方面。通常而言，一个适应能力较强的人，其抗病能力往往更为出色，生活质量也会相应更高。除了生理层面的适应，心理适应能力同样不容忽视。它体现在个体面对挫折和压力时，能否有效地进行情绪调节，保持心态的平稳。适应能力的提升是一个伴随着体质发展的动态过程，其需要通过长期的锻炼和科学健康管理来逐步实现和优化。

上述五项体质构成要素之间存在着紧密且复杂的关联，它们相互依存、彼此影响、相互制约，共同对个体的体质水平起着决定性的作用。其中，体格和生理功能构成了体质的基础框架，扮演着至关重要的角色，而体能、心理发育水平、适应能力这三项要素则是体质的外在展现，它们在一定程度上反映了体质的内在状况和发展水平。

四、理想体质

伴随着年龄的增长，人的体质会经历形成、发展直至衰退的不同阶段，这一过程充分展现了体质的阶段特征和个体差异。体质水平的变化丰富多样，既可能表现为从健康状态逐渐转向功能障碍，也可能体现为从普通状态向最佳功能状态的跃升。理想体质指的是在多种体质状态中展现出的一种高水平、更优化的状态，它实现了健康与能力之间的完美平衡。

达到理想体质是一个持续发展的动态过程，它既受先天遗传因素的深刻影响，也离不开后天努力和环境因素的共同作用。职业、种族、性别以及年龄等因素，都在不同程度上塑造着不同人群理想体质的特征与外在表现。尽管每个人的先天条件各不相同，但是通过采取科学的方法，可以不断提升自身的体质水平，逐步接近理想化的目标状态。值得注意的是，这种理想状态并非一成不变，而是一个不断追求完善与发展的过程。接下来将从六个方面详细剖析理想体质的具体表现（见图 1-2）。

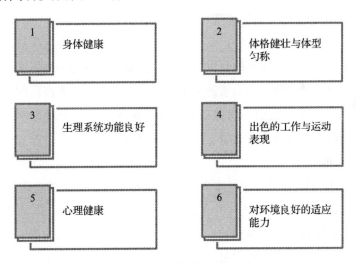

1	身体健康
2	体格健壮与体型匀称
3	生理系统功能良好
4	出色的工作与运动表现
5	心理健康
6	对环境良好的适应能力

图 1-2　理想体质的具体表现

（一）身体健康

身体健康是理想体质的基础，它意味着人体各个器官功能均处于正常状态，不存在任何病变或健康隐患。一个健康的身体是个体享有高质量生活的重要保障，也是参与各类工作和活动不可或缺的前提。无论是内脏器官的内部运作，还是外部肌肉组织的活动，都只有在保持良好状态的前提下，才能展现高效的生理功能和出色的生活表现。

（二）体格健壮与体型匀称

理想体质的又一重要特征是体格强健与体型协调，这反映了身体形态的良好发展状态。例如，身高、体重以及肌肉比例的均衡分布是衡量健康体质的重要标尺。不仅如此，体型的协调不仅增添了外观的美感，还是身体各个系统和谐运作的直观体现。强健的体格意味着个体具备更强的抗疲劳能力，同时蕴藏着更高的运动潜能，为个体的全面发展奠定了坚实基础。

（三）生理系统功能良好

理想体质的一个重要体现是运动系统、呼吸系统以及心血管系统生理功能表现卓越。健康的运动系统为个体提供了出色的运动能力和良好的身体协调性，而呼吸系统的良好状态则确保了氧气供应的持续稳定。心血管系统的健康直接关系到血液循环的顺畅与能量传输的高效，是维持体能和强大免疫力的重要基石。这些生理系统之间协同配合，使得个体能够在多样化的环境中展现出卓越的适应能力和持久的耐力。

（四）出色的工作与运动表现

工作能力和运动能力良好也是理想体质的重要标志。在工作能力方面，判断一个人工作能力的强弱不能只以是否高效完成体力劳动作为标准，一个人在高强度的脑力劳动中所呈现出来的耐力是否持久和办事效率高低同样是判断其工作能力强弱的重要依据。而运动能力则直接体现了一个人身体素质的好与坏，这里的运动能力包括了力量、速度以及耐力等多方面综合起来的能力。

（五）心理健康

心理健康同样是判断理想体质的一种重要因素。健康的心理包括稳定的情绪、优秀的抗压能力、坚忍的意志等多个方面，当一个个体具备这些素质时，他将勇于战胜生活中遇到的一些挑战。在遇到刺激情绪的重大变故时，他也能内心平稳、从容不迫地应对。因此，心理健康与生理健康同样重要，两者相辅而行，共同为构建理想体质奠定基础，两者都是获得理想体质不可缺少的要素。

（六）对环境良好的适应能力

理想体质的特征还包括个体面对自然及社会环境展现出的卓越适应能力。这不仅意味着个体能够适应气温、湿度、海拔等自然条件的变化，还涵盖了在纷繁复杂的社会环境中展现出的心理调适与应变才能。具备这种强大适应能力的人，能够在各类环境中维持良好的健康状况与高效的工作效能，这无疑是理想体质的又一重要标志。

五、体质促进概述

体质涵盖了体格、生理功能、体能、心理发育水平以及适应能力这五大核心要素。体质促进即通过一系列行之有效的途径来改善体格与生理功能，提升体能水平，进而对心理发育水平与适应能力产生积极影响，力求实现体质全面健康的发展过程。

（一）体质促进的内容

体质是能够通过个人后天的不懈努力而得以改善的，借助科学且合理的体质优化手段，可以显著增强个体的身体素质并提升整体健康层次。大学生正处于成长与发育的关键期，大学时期也是塑造强健体质的黄金时期。在这一至关重要的阶段，开展有针对性的体质促进活动，有助于大学生构筑坚实的健康基础，提升身体素质，从而为日后的学习与职业生涯铺设稳固的基石。体质促进的范畴广泛，以下将对其核心内容进行详尽的解析与阐述。

1. 制订个性化体质促进计划

体质促进必不可少的就是制订一个详尽的个性化体质促进计划。在制订计划之前，必须要充分了解个体的身体状况，并对其健康需求进行深入的分析，然后确定体质促进的目标，再围绕这一目标设计合理的促进措施。例如，对于体力稍显薄弱的个体，可着重加强力量训练与耐力提升，而对于灵活性欠佳的人来说，则需适当加大柔韧性训练的比重。通过循序渐进地执行这些精心规划的方案，个体能在针对性训练中稳步提升体质水平，进而达成健康发展的长远目标。

2. 掌握身体素质发展的规律

要想进行科学的体质促进，必须掌握身体素质的发展规律，这是必不可少的前提。个体由于身体素质的差异性，在力量、耐力、灵敏度等各方面所展现出来的状态也是不同的。因此，青少年需要积极完成学校安排的一些体能测试，积极参加体育活动，从而对自身的健康情况有一定的了解。比如，青少年可以观察耐力训练对自身心肺功能的影响，从而在老师的辅助下制订出合理的训练计划。也就是说，体质促进是必须要以科学的依据作为前提的。

3. 开展心理健康教育

心理健康是体质促进不可或缺的一环,与身体健康紧密相连。通过开展心理健康教育,可以有效提升个体在感知敏锐度、意志坚忍度以及情感调控力等方面的综合能力。意志力的加固,能够助力大学生更加坚定地执行体育锻炼计划,而情绪的稳定则能增强心理韧性,为体质的全方位发展筑起坚实的防线。例如,通过举办心理健康讲座、开展情绪管理训练等一系列活动,可以帮助个体提升自信心与适应能力,使他们在面对学业挑战或生活压力时,能够保持积极向上的心态。

4. 提升适应能力与抗病能力

适应能力的培育是体质促进的关键步骤,适应能力体现在个体对内外部环境变迁的灵活应对以及对疾病侵袭的有效抵御上。借助科学的锻炼手段,可以显著增强人体在多变环境中的生存韧性,比如提高对温差、湿度变化的适应能力。同时,通过强化免疫系统的功能训练,可以进一步提升个体对常见疾病的抵抗力。例如,适度的有氧运动结合均衡的营养摄取,能够有效增强免疫系统功能,使人体在面对病毒与细菌的挑战时展现更为强大的抗病能力。值得一提的是,适应能力的提升还涵盖了对社会环境的适应,如人际交往中的策略运用与情绪管理能力,这些能力为个体的全面发展提供了不可或缺的支撑。

体质促进的目标,旨在引领人们迈向一种理想的体质境界。所谓理想体质,是在遗传潜能的基础上,通过不懈的后天努力,使人体在形态结构、生理功能、身体素质与运动表现、心理素质以及内外环境适应能力等多个维度上均达到一种相对卓越且均衡的状态。

(二)体质促进的注意事项

在促进体质增强的过程中,确保锻炼的科学性和有效性是至关重要的,因此,掌握此过程中的一些重要事项也是必要的。这些注意事项不仅直接关联到锻炼成果的好坏,还与个体的健康状态息息相关。通过精心规划锻炼内容、灵活调整训练节奏,并充分利用环境资源和辅助工具,实现更高水准的体质提升。在体质促进的过程中,不能忽视以下六点注意事项:

1. 克服惰性,养成科学锻炼习惯

人们在锻炼过程中不免会遇到生理与心理上的惰性挑战。这种惰性体现在不愿行动或缺乏持续锻炼的毅力上,它常常成为提升体质水平的一大绊脚石。因此,克服惰性是增强体质的基石。要培养科学的锻炼习惯,明确的目标与规

划是必不可少的，通过日复一日的规律性锻炼，让锻炼成为生活的一部分。比如，设定每日固定的锻炼时段，逐渐适应并融入健康的生活节奏。另外，借助激励措施或结伴锻炼，进一步激发持续锻炼的热情与决心。

2. 合理控制运动量

在锻炼的过程中，运动量得宜是关键，运动负荷的把控对于取得良好效果至关重要。运动量过大可能引发身体过度疲劳乃至伤害，反之则难以达成增强体质的预期目标。基于此，每次在锻炼的时候，锻炼的强度与时长可以根据个人体能状况灵活调整。对于初学者来说，不妨从低强度运动入手，随着身体适应力的增强，再逐步加大强度和延长时长。而对于有一定锻炼基础的人来说，在一开始锻炼的时候就可以适当加大一些强度。锻炼者在锻炼的过程中，可以利用心率监测工具等来评估运动量是否恰到好处，以确保运动量的合理性。

3. 科学安排间歇时间

锻炼时的间歇时间长短也会对锻炼的效果产生直接影响，所以也应该基于运动负荷的强度对间歇时间进行科学规划。如果运动负荷比较大，就应该对间歇的时间进行适当的延长，这样才能保证锻炼者能有足够的时间去恢复体力，以防在锻炼中因体力不支对身体造成不良影响。如果运动负荷比较小，就可以留出较短的间歇时间，从而提升锻炼的紧凑性，锻炼的效果也会更好。如果运动负荷较重，则可以制定 1 分钟全力训练加 2 分钟间歇时间恢复这样的策略。

4. 逐步进阶地练习

要想使体质促进的效果更佳，在设计锻炼内容时，就应该遵循由易到难、层层递进的原则，开展逐步进阶式的练习。在训练的初期，可以将简单的动作作为初始动作，如可以从低强度的有氧运动——散步或慢跑开始，逐渐增加力量训练与柔韧性练习的比重。然后，在身体越来越适应的过程中逐渐融入较为复杂的练习，如让锻炼者尝试更高难度或更为复杂的训练项目——跳跃练习或综合性循环训练，从而使运动节奏更加科学、合理，让身体在持续的适应中稳步前行。

5. 充分利用环境和器械

在锻炼过程中，巧妙利用各种辅助资源，如对环境和器械的合理利用，能大大提升训练成效。比如，可以选择在阳光明媚的日子进行户外锻炼，这样不仅能强化身体免疫力，还能促进维生素 D 的合成，有益骨骼健康。当然，空气与水也是不可忽视的辅助资源，通过深呼吸练习，可以有效提升肺活量，而水中运动则能增强关节的灵活性。在锻炼器械方面，可以结合各类器械进行锻炼，如哑铃、拉力带、平衡球等，根据训练目标精选合适的工具，不仅让锻炼形式更加多样，还能增添训练的趣味性。

6. 动态调整锻炼计划

锻炼计划不应该是一成不变的，而应该根据身体的反馈情况进行动态调整，这对于提升锻炼效果至关重要。锻炼计划的调整应包括锻炼的环境、训练的强度、项目等多方面内容。比如，为规避单一环境引发的心理倦怠，不妨在室内健身房与户外自然环境间灵活切换。另外，通过引入新的锻炼项目或增加挑战性动作，可以维持锻炼的新鲜感与积极性。同时，锻炼中的细微之处也不容忽视，如运动时的着装选择。穿着舒适且透气性佳的运动服饰能有效减轻运动中的不适，而恰当的服装色彩搭配还能调节锻炼的心情。音乐的融入同样能为锻炼增添乐趣并调节情绪，节奏强劲的音乐能激发运动活力，而柔和的旋律则适宜放松、恢复训练。通过这些细节上的灵活调整，能让锻炼变得更加愉悦且高效。

第二节　健康观

一、健康的概念

在体质研究的广阔领域中，健康无疑是一项不可或缺的核心要素，同时也是评估体质状况的一把重要标尺。谈及健康的概念，以往人们往往简单地将其理解为"无病即健康"，这无疑是一种较为狭隘的认识。现代健康观念更为全面，它指的是人体各器官系统发育健全、功能及运作正常，个体体质强健，精力充沛，具备良好的劳动能力，拥有健康的心理状态、精神状态以及出色的社会适应能力。

健康并非仅仅意味着个体身体无疾病或不虚弱，而是涵盖了身体、心理、社会与自然和谐统一的状态。进一步而言，一个真正健康的人，需要身体、心理、社会适应性和道德层面均处于理想状态。随着现代社会的持续进步，健康的内涵也在不断扩展和深化。个体的社会适应性受到诸多因素的影响，其中，生理与心理素质扮演着至关重要的角色。

通常而言，一个人的情绪状态对其生理功能的发挥具有深远影响。当情绪状态良好时，人的生理功能往往能发挥出最佳水平；反之，则可能导致各种问题和疾病的出现。因此，应将身体、心理、社会适应性等方面视为一个整体，协调发展。

二、健康的要素

健康，作为人类生存与发展的基石，内涵广泛，包括身体健康、心理健康、社会适应能力、道德健康以及生殖健康等多个层面（见图1-3）。这些层面相互交织，共同构建起一个全面的健康体系。

图1-3　健康的要素

（一）身体健康

身体健康是健康体系中最为基础的要素，指的是身体无疾病且拥有充沛体能的状态。当然，不是说没有病症的困扰就说明这个人身体健康，其身体机能还要满足个体日常生活及生活中各种活动的需求，也就是说，体能是衡量身体健康的关键指标，它具体体现在力量、耐力、柔韧性等多个方面。要想有效提升体能，科学合理的锻炼和均衡的饮食结构是不可或缺的。例如，规律的有氧运动能增强心肺功能，力量训练则能增强肌肉力量，而均衡饮食则为身体提供必需的营养。此外，身体健康还需留意内外部环境的影响，如生活习惯、压力管理、环境卫生等。唯有保持身体健康，才能为其他健康要素打下坚实的基础。

（二）心理健康

心理健康是身体健康的进一步延伸与发展，它关乎个体在应对各种环境与变化时能否维持良好的适应性和积极的心态。这不仅体现在心理活动的顺畅运行方面，还体现在个体调节压力与情绪、适应环境的能力方面。心理学家从多个角度制定了心理健康的评判标准，涵盖心理与环境的和谐性、心理与行为的连贯性以及人格的稳固性。心理与环境的和谐性，即个体的心理活动能与外部环境相契合，避免冲突与不适；心理与行为的连贯性，强调心理状态与外在行为的协调一致；人格的稳固性，则反映出个体长时间内情绪稳定与意志坚定。为了促进心理健康，个体可采取自我调节、寻求心理咨询、参与积极的社会活动等方式。例如，培养乐观的生活态度、与家人朋友分享感受、参加团队活动，都能有效减轻心理压力，推动心理健康水平的攀升。

（三）社会适应能力

社会适应能力是健康的重要体现，它关乎个体在社会生活中适应环境、扮演多重角色的能力。这不仅涵盖生理与心理健康，还涉及出色的社交技巧、丰富的知识储备、高效的工作能力以及为社会做出创造性贡献的潜力。

拥有良好社会适应能力的人，能顺利担当生活中的各种角色，如家庭成员、职场伙伴或社会成员，并从中实现自我价值，获得成就感。例如，社会适应能力强的人能与他人建立和谐关系，高效完成工作任务，为社会进步贡献力量。同时，这种能力还体现在面对复杂环境时，个体能灵活调整行为与心态，更好地融入社会。培养社会适应能力，需从多方面着手，如提升沟通技巧、拓宽知识面、加强自我管理。通过参与社区活动、学习新技能、分享经验，个体能逐步提升社会适应能力，为健康发展打下坚实基础。

（四）道德健康

道德健康在健康体系中占据着举足轻重的地位，它是建立在身体健康与心理健康之上的更高境界的健康状态。它关乎思想品德、自我完善与社会责任感，是社会文明进步的重要支柱。

道德健康以"为己利他"为基准，并以"无私利他"为至高追求。它具体体现在坚定的信念、正直的作风、对真理的坚守、奉献的精神，以及对责任的主动担当方面。道德健康的人，在生活中不仅严于律己，还能以宽容和支持的心态对待他人。

要培养道德健康，需注重行为的规范与思想的升华。例如，严格遵守社会规范、积极参与公益活动、在家庭与社会中履行责任都是促进道德健康的有效途径。同时，培养道德健康还需保持积极的学习心态，不断追求成长与自我完善。通过塑造健康的道德观念与行为习惯，个体能在提升自我品质的同时，为社会的和谐进步贡献力量。

（五）生殖健康

生殖健康是世界卫生组织强调的重要健康领域，它指的是个体在涉及生殖的所有活动中，能在生理、心理及社会适应方面维持良好状态。这不仅关乎个体的生理功能，还涉及性别观念的正确性、性健康知识的认知以及社会责任的承担。例如，推广避孕节育知识能显著降低意外怀孕的风险，普及妇产科与男性疾病的相关知识则有助于疾病的早期预防与及时治疗。此外，生殖健康教育还能帮助个体树立健康的性别观，提升自我保护意识。

三、"健康第一"理念

（一）"健康第一"理念的内涵

对于所有人来说，维护自身健康都是至关重要的，青少年群体当然也不例外。当前"健康第一"理念备受学校、教师及家长等各方高度重视的原因也在于此。而对于青少年这个群体来说，体质的增强更多的是依赖于学校的体育教育，因此在学校教育中融入"健康第一"的理念是不可缺少的，这对以后青少年的全面发展大有裨益。

（二）"健康第一"理念的贯彻

在体育教育的各个环节贯彻"健康第一"的理念，是实现青少年全面发展的重要保障。这一理念的践行有助于青少年树立科学的体育观念，并在日常生活与学习中维持健康的身心状态。从以下三个方面采取具体措施，能够为更有效地贯彻这一理念提供助力。

1. 注重体育、卫生与美育的深度融合

在青少年成长的道路上，营养与卫生指导的地位是不容忽视的。例如，通过普及平衡膳食、日常卫生习惯的知识，能提升他们的健康素养。在具体的教学实践中，还需注重身体锻炼与疾病预防的有机结合，如教导青少年如何妥善处理常见的运动损伤，并将运动与健康保健的实际应用融入他们的日常生活。此外，现代体育教育应更加关注心理健康与青春期教育的内容。这不仅是身体健康的重要补充，还是推动青少年心理健康发展的必要途径。因此，体育教育不应仅局限于身体锻炼，还应涵盖营养、卫生等多个方面。当体育活动和健康保健知识进行融合以后，就能更好地在青少年群体中树立科学的健康观念。

2. 强化健康意识与健康行为的培养

在体育教育中，培养青少年的健康意识与良好习惯是重要任务。体育教师需依据学校的实际情况及学生的身心发展特点，制定科学、合理的教学计划与教材。例如，教学内容可包括体育技能的训练，并融入营养学、心理学、保健学等多学科知识，帮助青少年全面理解健康的内涵。在实践层面，体育活动的组织需具备针对性。例如，结合青少年的兴趣与能力，设计个性化的运动项目，使他们在参与中不仅能提升身体素质，还能养成良好的健康习惯。同时，健康行为的培养需依赖系统的教育干预。例如，通过专题讲座、实践活动等形式，将健康知识转化为青少年日常可实践的行为。此外，体育教育还需在环保理念的指导下进行拓展，将环保学与身心健康教育相结合，使青少年认识到健康不仅是个人议题，还是与社会、环境紧密相连的系统性课题。例如，通过开展校园绿地活动或环保主题的体育课，让青少年在实践中体悟人与自然和谐共生的重要性。

3. 综合教育模式的创新与实施

在贯彻"健康第一"理念的过程中，需采用综合性的教育手段。例如，通过整合校内外资源，开展多样化的健康教育活动，如健康知识竞赛、体育健康夏令营等，以激发青少年对健康教育的兴趣。教育内容应全面覆盖青春期心理辅导、疾病预防常识及环境卫生管理等方面，使健康理念渗透到日常生活的各个角落。同时，学校应完善健康教育的评价机制，采用科学方法评估青少年在健康知识掌握与健康行为养成方面的成效，进而优化教育方案；借助有效的教学反馈机制，实现教学内容的灵活调整，以更好地贴合学生的实际需求。

总之，将"健康第一"理念融入体育教育，是促进青少年全面发展的关键举措。这一过程既要求从理论到实践的全方位覆盖，又需要在教育方法与内容上持续创新，以满足青少年健康发展的多元化需求。

四、亚健康

（一）亚健康的概念

近年来，"亚健康"这一概念日益受到关注。然而，对于亚健康的具体含义，许多人仍知之甚少。亚健康实际上是一个新兴的医学理论，它是社会与科技迅猛发展，以及人们生活水平提升的产物。

在现代社会生活中，不健康的生活方式与社会压力的不断加剧都是导致亚健康状态出现的重要因素。具体而言，亚健康是处于健康与疾病之间的一种动态变化的中间状态，在健康至亚健康再至疾病的这一动态演变过程中，亚健康占据中间位置。这也使其呈现出更为显著的复杂性特征。

（二）亚健康产生的原因

亚健康状态是一种介于健康与疾病之间的生理与心理状态，它已成为现代社会中一种普遍存在且备受瞩目的问题。深入探究其产生原因，对于有效预防和解决这一问题具有重要意义。以下将从六个维度剖析亚健康产生的成因（见图1-4），旨在全面揭示其背后的形成机制。

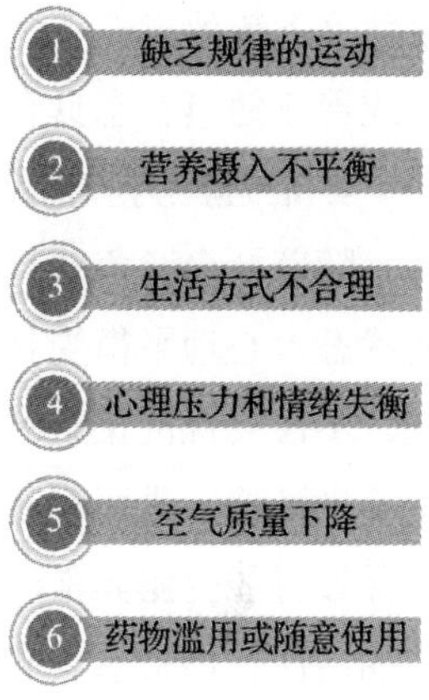

1. 缺乏规律的运动

① 缺乏规律的运动

② 营养摄入不平衡

③ 生活方式不合理

④ 心理压力和情绪失衡

⑤ 空气质量下降

⑥ 药物滥用或随意使用

图1-4 亚健康产生的成因

运动是维持人体健康不可或缺的要素，然而，许多人缺乏规律的锻炼，导致自己的身体处在亚健康状态。在人体的成长与发展过程中，适量的运动对于促进新陈代谢和增强免疫力至关重要。但值得注意的是，由于个体差异的存在，运动的类型和强度需根据个人身体状况进行个性化调整。忽视科学的运动方法，或者长期缺乏运动，或者运动过度，都可能对健康造成不利影响。长期不运动会导致肌肉萎缩、骨密度降低、心肺功能下降，而过度运动则可能诱发运动损伤及慢性疲劳综合征。因此，科学合理地规划运动，对于维护健康具有极其重要的意义。

2. 营养摄入不平衡

营养供给是构筑人体健康的重要基石。合理的饮食结构应当囊括均衡的蛋白质、碳水化合物、脂肪、维生素以及矿物质。然而，许多人在日常饮食中偏好高热量食物，忽视了营养的全面均衡，导致能量过剩与营养素缺乏的问题并存。例如，高糖、高脂的饮食模式会扰乱人体的代谢平衡，进而增加肥胖、患糖尿病以及心血管疾病的风险，而长期偏食则可能导致维生素和微量元素的缺乏，进而削弱机体的免疫功能。因此，为规避营养失衡的风险，日常饮食应当追求多样化，重视优质蛋白质、全谷物以及新鲜蔬菜水果的摄入，以保障机体的正常运作。

3. 生活方式不合理

在现代社会中，快节奏的生活和较大的工作压力使许多人形成了不健康的生活习惯，这些习惯成为产生亚健康状态的主要诱因。过量饮酒、吸烟、饮食无度、作息混乱等行为均对人体健康构成了严重威胁。例如，吸烟不仅损害呼吸系统，还会对心血管系统功能造成破坏，而过量饮酒则容易伤及肝脏，干扰身体的正常代谢。此外，长期熬夜和睡眠不足会削弱人体的自我修复能力，导致免疫系统效能低下。因此，建立健康的作息制度和培养良好的生活习惯，对于改善亚健康状态具有至关重要的作用。

4. 心理压力和情绪失衡

随着社会竞争的日益激烈和人际关系的复杂化，许多人长期处于精神紧张的状态，心理平衡受到了严重的影响。过度焦虑、情绪波动以及抑郁等心理问题，不仅会扰乱正常的睡眠模式，还会通过神经体液调节系统对内分泌功能产生不良影响，进而对心血管、消化以及免疫系统造成危害。例如，情绪失控可能导致胃酸分泌异常，诱发消化不良或胃溃疡，而长期抑郁则可能削弱免疫细胞的活性，增加感染和患病的风险。因此，保持心理平衡、及时排解压力，对于预防亚健康状态具有重要的作用。

5. 空气质量下降

随着城市化进程的加速推进，空气污染已成为危害公众健康的重要因素。高层建筑密集、室内通风条件不佳以及空调的长期使用，使得空气中负氧离子的浓度显著降低。负氧离子在人体新陈代谢和细胞氧化还原反应中发挥着重要作用，其数量的减少会影响血氧水平，进而降低细胞的代谢能力。例如，在空气污染严重的环境中，呼吸系统疾病的发生率会明显上升。同时，长期置身于低氧环境中还可能导致慢性疲劳和认知功能减退。因此，改善空气质量、优化室内通风条件，对于缓解亚健康状态具有积极的意义。

6. 药物滥用或随意使用

药物是治疗疾病、挽救生命的重要物品，然而，滥用或随意服用药物却可能对身体健康构成严重威胁。一些人习惯在未咨询专业医生意见的情况下自行用药，这种行为极易导致药物副作用加剧或产生耐药性。例如，长期不当使用抗生素可能会破坏肠道微生物群的平衡，进而削弱免疫功能，而滥用止痛药则可能对肝肾功能造成难以逆转的损害。因此，在服用药物时必须严格遵照医嘱，以免因用药不当而加剧亚健康状态。

（三）亚健康状态的表现

亚健康状态是一种介于健康与疾病之间的特殊状态，常表现出多方面的不适感，涵盖生理和心理的多种症状。这种状态通常由长期的生活压力、不良生活习惯以及身体内部失衡所诱发，其具体表现可从以下三个维度进行深入分析。

1. 精神与脑力的疲劳

长期处于精神高度紧张或脑力劳动强度过大的状态，容易诱发一系列疲劳综合征的表现。这些征象涵盖失眠、记忆力衰退、心悸、胸闷气短以及注意力难以集中等问题。同时，在处理日常事务时容易产生过度紧张的心理状态，甚至出现精力匮乏的情况。这种持久的精神与体力消耗，不仅会削弱身体的正常机能，还会逐渐演变为一种难以摆脱的慢性疲劳状态，进而对个人生活质量产生严重影响。

2. 疾病康复期的身体不适

在疾病康复期或患长期慢性病期间，身体往往会展现出多种不适感。例如，疾病的长期消耗可能会导致免疫功能减退，机体的恢复能力变弱，从而表现出身体虚弱、乏力、容易疲倦等症状。此外，这一阶段的患者通常会经历情绪起伏和产生心理压力，对外界环境的适应能力也会相应减弱。为了有效促进身体机能的恢复，需要采取科学的护理与调理措施。

3. 内分泌失调及更年期综合征

内分泌系统的功能紊乱是亚健康状态的一个显著表现，在更年期阶段的人群中更为突出。这一时期的人们可能会出现盗汗、抑郁情绪、头晕、烦躁不安、潮热、月经不调以及性功能下降等一系列症状。内分泌的变化还可能促使衰老过程加速，导致身体各系统功能进一步减退。若这些症状未能得到及时有效的干预，将对日常生活和工作造成极大的困扰。

从中医理论的视角出发，亚健康状态通常被视作"虚劳症"的范畴，即表现为精气亏虚的状态。依据中医的辨证施治原则，这种状态大多与气虚、血虚以及肾阳亏虚有关，具体症状涵盖体虚乏力、面色苍白无华、睡眠质量不佳等。中医注重通过调理气血、滋养精气来改善亚健康状态，常用的方法包括补气以增强精神、生血以滋养身体以及温补肾阳等。例如，适量服用黄芪、人参等中草药，可以有效增强体质，改善虚弱的状况。

（四）亚健康状态的改善

亚健康状态，作为介于健康与疾病之间的状态，对人体的生理与心理健康均产生了不良影响。为了有效改善这一状态，采取科学合理的干预措施显得尤为重要。以下将从膳食调整、生活方式改变、心理调节等多个维度进行深入探讨（见图 1-5），提出一系列旨在改善亚健康状态的有效策略。

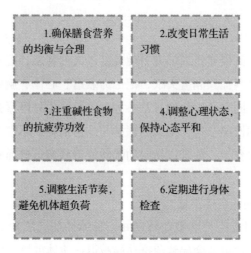

图 1-5　改善亚健康状态的有效策略

1. 确保膳食营养的均衡与合理

科学的饮食安排是改善亚健康状态的重要基础。合理的饮食结构要求每日确保摄入充足的糖类、蛋白质、脂类、维生素以及矿物质等必需营养素，并严格控制食物的摄入量，防止营养过剩或不足的情况出现。过度摄入高热量食物可能引发肥胖和代谢功能失调，而营养摄入不足则会削弱身体机能，降低免疫力。因此，需要通过优化膳食构成，确保全面均衡地摄入各类营养素。例如，可以增加全谷物食品、瘦肉、鱼类、新鲜蔬果的摄入比例，同时减少油腻食品和精制糖的摄入，以满足人体日常所需的能量和营养。此外，饮食安排还应注重个性化，根据个人的年龄、体质状况及活动水平来合理调整营养素的摄入。

2. 改变日常生活习惯

在现代快节奏的生活中，繁忙的工作和频繁的社交活动让许多人频繁外出就餐，而外面的食物往往糖分偏高且维生素、矿物质含量不足。这种饮食习惯容易引发营养失衡，从而进一步加剧亚健康状态。因此，经常外出就餐的人群应有意识地调整饮食结构，适量增加富含膳食纤维的食物，如新鲜水果、绿叶蔬菜以及豆制品等。此外，还可以增加海藻类食物的摄入，如海带、紫菜等，这些食物不仅富含微量元素，还有助于促进新陈代谢。在条件允许的情况下，应尽量减少外出就餐的次数，并选择健康的餐饮选项，以确保饮食的多样化和营养的均衡全面。

3. 注重碱性食物的抗疲劳功效

在高强度的体力活动或脑力劳动后，人体容易因乳酸、丙酮等代谢产物的累积而产生疲劳感。这些代谢产物导致体液呈现酸性倾向，是影响机体恢复能力的重要因素。为了迅速消除疲劳并恢复体力，合理摄入碱性食物显得尤为重要。例如，西瓜、桃子、李子、杏、荔枝、哈密瓜、樱桃、草莓等水果均属于碱性食物范畴，它们能够有效中和体内的酸性代谢产物，维持体液的酸碱平衡，从而有效缓解疲劳感。此外，合理的水分补充同样不可或缺，充足的饮水有助于代谢产物的排出，加速身体的恢复进程。

4. 调整心理状态，保持心态平和

心理健康是身体健康不可或缺的一部分。不良的情绪和心理压力会直接影响免疫系统的功能，甚至可能诱发一系列生理疾病。因此，调整心理状态是改善亚健康状态的重要一环。个体需要充分了解自身的生理和心理节律。不同人在不同时间段内的精力水平存在差异，例如，有些人清晨精力充沛，而有些人则在下午表现更佳。了解自身的精力高峰期，并据此合理安排工作与休息时间，有助于提升效率，防止身心过度疲劳。此外，面对生活中的压力和烦恼，应采取积极的应对策略，如通过适度的运动、培养兴趣爱好或与朋友交流等方式来释放压力，保持内心的平衡与宁静。

5. 调整生活节奏，避免机体超负荷

快节奏的现代生活方式让许多人长期处于高压之下，这不仅容易导致疲劳，还可能引发头痛、失眠等不适症状。这些症状表明机体已经处于超负荷状态，急需通过适当的调整来舒缓压力。首先，应合理规划工作与生活的时间，避免长时间高强度的工作对身体造成损害。其次，运动是一种极为有效的调节手段，通过规律的身体锻炼，可以改善血液循环、增强心肺功能，还能有效缓解精神压力。例如，适度的有氧运动，如跑步、游泳、练瑜伽等，不仅能够提升体能，还能增强心理的愉悦感。

6. 定期进行身体检查

定期进行身体检查能够及早发现出现亚健康状态的潜在原因，针对性地进行调整和干预。例如，检测血压、血糖、血脂水平等指标，观察身体的变化情况。在专业医生的指导下进行身体机能调理，能够更精准地改善亚健康状态。

第三节　健康促进

一、健康促进的概念

早在 20 世纪 20 年代，"健康促进"一词就已亮相于公共卫生领域的文献之中。随着时间的推移，它逐渐走进了更广阔的视野。特别是在经济全球化迅猛发展的当下，健康促进作为人类福祉的关键议题，内涵不断得到丰富，研究视角也日益多样化。学者们对健康促进的认知越发全面且深刻，这促使它的定义和理论框架持续得到发展和完善。

健康促进涉及内容广泛，涵盖多个层面，主要体现在以下三个方面：

第一，健康促进是社会责任的重要组成部分。健康不仅关乎个人福祉，还是社会进步的基石。因此，健康促进的触角需从个体层面延伸至整个社会，致力于全面提升大众的健康水平。要达成这一愿景，系统性的政策扶持和资源配置至关重要，它们能为个人和社会提供坚实的后盾。值得注意的是，健康促进并非医疗体系的独角戏，而是教育、经济、文化等多个领域"协同作战"的结果。唯有将健康促进视为社会责任的一部分，才能稳步迈向可持续的健康改善之路。

第二，健康促进覆盖多个生活领域。健康促进不仅关乎个体，还涉及群体乃至整个社会的方方面面。它旨在激励人们自发地培养健康习惯，提升健康意识，并丰富相关知识。通过广泛的教育宣传，可以激发大众更积极地投身健康维护的行列。例如，推广合理膳食、规律运动以及良好的心理调适等做法，都是健康促进不可或缺的一环。此外，健康促进还需汇聚社会资源，引导人们树立自觉的健康防护观念。在某些情况下，借助政策和法规的力量也能有效促使社会加大对健康问题的关注。

第三，环境因素是健康促进的核心影响因素。健康的达成离不开优质环境的支撑，无论是清新的自然环境还是和谐的社会环境，都是人类健康不可或缺的基石。在推进健康促进的过程中，环境的保护与优化占据着举足轻重的地位。诸如空气质量提升、水资源守护、食品安全保障以及社区环境美化等，均与健康息息相关。通过弘扬绿色生活理念，倡导可持续发展道路，可以进一步强化环境对健康的正面影响。在此过程中，个人、集体乃至整个社会需携手并进，为打造健康宜居的环境贡献力量。唯有在环境因素得到显著改善的基础之上，人类才能迈向更高层次的健康境界。

二、健康促进的内涵

健康促进是一项具有深远影响的社会实践，其精髓体现在多个维度，涵盖健康、环境、社会行为等多个领域，旨在全面提升个体与社会的健康水平。它借助教育、组织、法律及经济等多重手段，对健康危害因素、不良生活方式及不利环境条件实施有效干预，以达成健康目标。

第一，健康促进的涵盖范围极为广泛，它不仅着眼于全人类健康目标的实现，还深入到人们日常生活的细微之处。从具体疾病的预防控制到降低与疾病紧密相关的风险因子，健康促进的关注点不仅局限于病理状态的优化，还在于对健康风险的全面管理与干预。这种关注既包含微观层面的个体健康，也涵盖宏观层面的群体与社会健康，涉及身体、心理、行为、环境等多个维度。

第二，在健康促进的推进过程中，社会行为、生态环境、生物因素及卫生服务等多元因素均成为关键的干预方面。这些因素相互交织，共同塑造着健康的整体风貌。健康促进致力于优化这些因素，以期实现健康状况的全方位改善。例如，在社会行为层面，健康促进倡导积极健康的生活方式；在生态环境层面，力推环境保护与绿色发展；在生物因素方面，重视健康教育的普及与遗传因素的合理应用；在卫生服务领域，加强预防性服务的普及。

第三，健康促进的影响力已广泛渗透至多个领域，不仅局限于卫生系统，还涵盖了其他社会范畴。疾病控制的工作已不再囿于传统的医疗服务领域，而是逐步向多部门合作、多学科联动的方向迈进。这种跨领域的协同合作，不仅涵盖医疗机构与公共卫生部门的紧密配合，还囊括了教育、农业、交通、环保等诸多部门的积极参与。例如，在公共交通领域，通过实施健康促进措施，可以有效降低污染，提升民众的生活质量，而在教育领域，健康知识的普及活动开展则能够培育下一代的健康观念。

第四，健康促进的落地执行离不开多元主体的协同参与。除了传统的医疗卫生部门，教育机构、社区团体、非政府组织以及企业等也在其中发挥着重要的作用。通过整合各方社会资源，形成合力，可以更加高效地推进健康相关项目的实施。例如，社区卫生服务中心能够结合地方的实际需求，开展针对性的健康宣教活动；企业可以通过制订健康福利计划，助力员工的健康发展；非政府组织则能够针对特定人群，实施精准的健康干预措施。

第五，健康促进的显著特征在于个体、家庭、社区及群体有组织地参与其中。借助组织化的健康行动，能够更有效地调配资源，优化干预策略。以社区健康促进项目为例，通过组建健康志愿者队伍、构建社区健康管理平台，能够迅速响应并有效满足居民的健康需求。此外，组织变革与社会创新同样是健康促进不可或缺的一环。例如，推行健康导向的城市规划、普及全民健身活动以及确保健康政策的落实，均为实现健康目标铺设了有效路径。

第六，健康促进根植于生态健康理念，着重于健康、环境与可持续发展的深度融合。通过改善生态环境，为健康提供更加坚实的支撑。例如，提升空气质量、确保饮用水安全以及推广绿色建筑等措施，均能从环境维度为健康提供坚实保障。在青少年健康促进方面，应注重整合多方有利因素，构建广泛的合作网络，以期全面提升青少年的健康水平。这种方法不仅聚焦于青少年的身体健康，还涵盖心理健康及社会适应能力的全面发展。

三、健康促进的基本构成

通常来说，健康的来源是多方面的，主要包括平衡膳食、良好的心理状态以及科学运动，而健康促进的工作也应围绕这三个核心方面展开。可以说，健康促进的精髓正是蕴含在这些关键要素之中。

（一）平衡膳食

人体在维持生命活动及进行各种日常行为时均会消耗热能，而营养则是热能的主要来源。因此，营养不仅是人类生命活动的基石，还承担着产生能量、调节代谢及促进生长发育的重任。由此可见，合理膳食与平衡营养对于维护健康至关重要。

随着生活水平的持续提升，人们的膳食结构也在悄然发生变化。然而，当前很多人的膳食仍以鸡、鸭、鱼、肉等高蛋白、高脂肪食物为主，绿色蔬菜占比偏低。这种高脂肪、高胆固醇、高热量而维生素及纤维素严重匮乏的膳食模式，从营养学角度来说极不科学、极不均衡，极易增加心脑血管疾病、肥胖症、糖尿病及胆结石等疾病的患病风险，且发病年龄呈现年轻化趋势。营养缺乏固然有害健康，但营养过剩同样不利于健康。因此，确保合理营养至关重要，而实现这一目标则需依赖于平衡膳食。当前，我国亟待解决的一个重要问题是：如何运用现代营养学知识指导人们的日常饮食？具体而言，平衡膳食意味着基本营养素的配比需恰到好处，所有必需营养物质的含量均需充足。为此，许多国家及组织机构均制定了膳食供给量或安全摄入量的标准与建议，作为评估平衡膳食的科学依据。

（二）良好的心理状态

对于个体而言，心理健康意味着在各种环境中都能保持出色的适应能力和高效的工作状态。个体拥有生物体与社会成员的双重身份，心理健康是其在社会中存在与发展的关键要素。可以说，一个人要想成功融入社会并顺应其发展潮流，健康的心理状态是不可或缺的。

个体的心理情绪状态对其生理健康有着直接影响。现代心理医学研究揭示，当一个人心情愉悦、精神饱满时，中枢神经系统会处于最佳功能状态，进而调节内脏及内分泌活动达到平衡。在这样的状态下，身体健康得以稳固保障。心理学家通常将人的情绪划分为两大类：愉快情绪与不愉快情绪。人的七情——喜、忧、怒、思、悲、恐、惊是对外界环境的不同生理反应，通常不会导致机体的病理变化。然而，当兴奋或抑制过度时，就有可能引发机体疾病。因此，保持良好的心理状态是维护机体健康的重要因素。

（三）科学运动

科学合理的体育运动对身体健康具有显著的正面效应，而运动不足则可能招致一系列健康问题。研究显示，缺乏体育活动会大幅提升心血管疾病、癌症及糖尿病的罹患风险，同时可能导致体重过度攀升和骨质疏松等问题。长期缺乏运动对健康的负面影响不可小觑，其将直接侵蚀生命质量。相比之下，长期坚持科学运动能够大幅度降低中风风险，同时削弱多种癌症的威胁。运动还能有效延缓运动系统的退化进程，助力维持关节、肌肉及骨骼的正常运作，预防相关异常状况的发生。此外，科学的运动习惯在缓解轻度至中度心理压力、改善抑郁情绪方面亦展现出显著成效，有助于个体保持良好的心理状态。适量的运动还能带来身心的放松，进而在一定程度上提升整体的幸福感。

科学运动的价值不仅局限于疾病预防，还在于身体功能的强化。规律的体育锻炼能够强化心肺功能、提振免疫系统、优化血液循环，并促进新陈代谢及能量消耗，从而有助于体重管理。对于中老年人而言，运动是减缓骨质流失、降低骨折风险的良方。此外，运动还是增强肌肉力量与协调性的有效途径，有助于提升日常生活的自理能力。

在进行科学运动时，需要遵循个性化原则，依据个体的年龄、身体状况及运动基础，精心挑选适宜的运动形式与强度。例如，慢跑、游泳、练瑜伽等低冲击运动，往往适合广大人群参与。而对于体质较为强健的个体，则可大胆尝试如力量训练或间歇性训练等高强度运动。在科学运动中，合理安排运动时间与方式，有效规避过度运动所引发的疲劳或伤害，是至关重要的。

四、健康促进的任务

健康促进的任务广泛而深远，它涵盖了多个维度，致力于通过多元化的途径来提升人们的健康认知与生活质量。所有旨在推动健康、优化生活环境以及提升全民健康水平的活动，均构成了健康促进的核心内容。下面将对健康促进任务的五个重要层面展开详尽的阐述。

（一）转变健康观念

健康促进的首要任务在于深刻转变人们的健康观念，这涵盖决策层、社会组织及个体对健康议题的认知与理解。通过积极的倡导与指引，促使决策者深刻体悟健康需求的迫切性与重要性，并将其视为政策制定的核心要素。为此，需在政策层面为健康促进活动注入更多动力，如制定旨在激励健康行为的法规与制度，优化医疗服务体系，以及加快全民健康保障工程的实施步伐。与此同时，普及健康观念，引导人们由被动接受健康服务转变为积极关注并投身健康相关活动，将健康视为生活的至高追求。在此过程中，领导者与决策者的健康意识转变尤为关键，其直接影响健康促进政策的制定质量与执行效率。借助有效的宣传手段与科学的健康数据分析，使决策者深刻认识到健康与经济、社会发展的内在联系，从而推动资源向健康领域倾斜。例如，在城市规划中巧妙融入健康理念，优先打造健康社区，增设公共运动设施，为居民提供更为全面的健康支持。

（二）强化健康责任感

健康促进的另一项核心任务在于强化个人、家庭及社区的健康责任感。个体对健康所肩负的责任直接塑造着其健康行为的轮廓，而家庭与社区作为健康行为传播的关键平台，发挥着不可替代的作用。通过推广社区卫生活动与健康教育，使居民深刻认识到健康责任的分量。在个人层面，个人需在饮食、锻炼、卫生习惯等多个维度上付诸实践，以实际行动践行健康责任。家庭则应承担起为成员提供健康支持的重任，这包括构建健康的饮食结构、培养良好的生活习惯以及提供必要的心理慰藉。社区层面的健康责任同样举足轻重。应致力于通过建立社区健康志愿者团队、策划健康宣传活动、设立健康咨询服务站等一系列举措，增强居民的健康意识与行动能力。此外，政府与非政府组织亦需肩负起推动健康责任落实的重任，通过政策导向与资源调配，引领全社会共同参与健康促进的伟大事业，携手共建健康、和谐的社会环境。

（三）创造健康支持性环境

健康的实现离不开优质外部环境的坚实支撑。创造有益于身心健康的生活与工作环境，无疑是健康促进工作的基石之一。这就需要广泛动员社会各界力量，加强协作与联盟建设，通过跨部门的紧密合作，共同营造积极向上的健康氛围。在社区层面上，应致力于设立健康步道、健身设施以及保持公共空间的清洁与整洁，为居民提供全方位的健康支持。在工厂与企业中，应倡导打造"健康促进工作场所"，通过优化工作环境、增设员工健康福利，提升员工的身心健康水平及工作效率。此外，学校作为健康教育不可或缺的阵地，更应积极推动"健康促进学校"的建设步伐，将健康理念深深植根于日常教育体系之中。例如，通过学校食堂提供营养均衡的膳食，提供学生心理健康咨询服务，组织丰富多彩的健康主题活动，培养学生的健康意识与习惯。与此相呼应，社区与工厂等场所亦可借鉴"健康促进学校"的成功经验，分别建设"健康促进社区"与"健康促进工厂"，力求实现健康环境的全面覆盖与深入渗透。

（四）推动健康服务转型

传统医疗服务模式往往聚焦于疾病的治疗，而健康促进则呼唤医疗服务职能向健康维护与预防性服务的深刻转型。这一转型要求医疗机构与卫生部门摒弃旧有观念，将更多宝贵资源倾注于健康教育、预防医学及基层卫生服务领域，以构建更为全面、深入的健康服务体系。在此转型过程中，推进家庭医生签约服务模式高质量发展显得尤为重要。通过建立医生与居民之间稳固而持久的健康管理关系，能够实现对健康问题的早发现、早干预，从而有效遏制疾病的蔓延与发展。同时，医疗机构还需加强与社区及非医疗部门的深度合作，共同拓宽健康服务的边界与范畴。例如，与学校携手开展青少年健康监测，与企业并肩推进员工健康体检与职业病预防活动等。通过这些举措，医疗服务将得以更广泛地覆盖不同人群，实现从单一治疗向综合健康服务的华丽转身，为人们的身心健康保驾护航。

（五）广泛开展健康教育

健康教育作为健康促进的关键一环，其核心目的在于提升公众的健康知识水平与健康行为能力。通过一系列精心策划的健康教育活动，引导大众深刻认识健康的价值所在，并学会科学获取健康之道。

农村地区可以充分利用广播、电视、宣传册等多种媒介，广泛普及健康知识，助力农民深入了解合理饮食、疾病预防及家庭卫生的重要性。而在城市社区，则通过举办健康讲座、策划健康主题活动等形式，积极引导居民养成健康、科学的生活方式。健康教育还需致力于破除传统迷信观念与不良习俗的束缚。可借助宣传活动，深刻揭示吸烟、酗酒等有害健康行为的危害，并大力倡导戒烟限酒的健康生活方式。此外，还可以通过普及科学知识，有效削弱民间错误医疗观念的影响，提升公众的科学素养。同时，积极引导公众参与各类健康活动，如全民健身运动与心理健康促进活动等，以期在全社会范围内营造浓厚的健康氛围，进一步提升人们的健康素养。

五、健康促进的基本特征

健康促进是一项极具综合性的社会活动，其核心在于通过汇聚并整合来自各方的资源，改善人们的健康状况。这一实践涵盖了健康知识的广泛普及、政策与环境的坚实支撑以及个人与社会各界的积极参与等多个维度，其基本特征主要体现在如图 1-6 所示的五个方面。

图 1-6　健康促进的基本特征

（一）它是以健康教育为核心的全民行动

健康促进深植于健康知识的普及之中，致力于通过全民健康教育活动引领社会步入健康生活的轨道。它的成功实施，离不开政府的积极主导与全方位支持。政府需在组织构建、政策制定、经济扶持及法律保障等多个层面为健康行为的塑造营造有利环境，奠定坚实的基础。政府的角色具有长期性与规范性，通过立法手段与政策导向，为健康促进策略的稳健实施提供坚实保障。例如，制定严格的控烟法规，推动食品安全标准的统一化进程，以及致力于打造健康和谐的社区环境，均是健康促进实践的具体展现。

全民健康教育的远大目标，不仅局限于健康知识的广泛传播，还着眼于对健康行为的积极引导与塑造，更致力于通过宣传健康饮食与适量运动的重要性，激发民众对健康生活的向往与追求，进而促使他们逐步养成科学、健康的生活方式。此外，健康教育活动需全面覆盖各个年龄段与社会阶层，无论是天真烂漫的儿童，还是睿智沉稳的老年人，无论是繁华都市的居民，还是偏远乡村的村民，都应成为健康促进的重点关注对象。

（二）涉及内容广泛

健康促进的范畴广阔，其深深植根于人们日常生活的各个方面，覆盖面很大。它的目标并非局限于某一特定疾病的干预或特定人群的健康改善，而是着眼于整体社会健康水平的全面提升。无论是身体的强健有力、心理的平和宁静，还是社会适应能力的稳健增强，均被纳入健康促进的深邃视野之中。

在具体实践层面，健康促进犹如一股强劲的春风，吹拂并滋润着诸如环境保护、工作场所健康优化、学校健康教育等多个关键领域。例如，在社区层面，积极开展健康生活方式的倡导活动，引领居民深切关注日常饮食的均衡搭配、运动习惯的科学养成以及心理状态的适时调节；在学校领域，着力加强青少年健康教育，通过生动有趣的课程和丰富多彩的实践活动，帮助学生牢固树立正确的健康观念。通过全面覆盖并深入渗透至生活的各个领域，健康促进得以更加全面、深刻地影响并塑造人们的健康行为与生活方式，引领社会步入健康、和谐的美好未来。

（三）强调疾病预防

疾病预防是健康促进的重要内容，其核心在于未雨绸缪，防患于未然。在疾病预防的过程中，健康促进主要聚焦于一级预防的坚实构筑，即通过精准识别并有效减少疾病的危险因素，有力阻断疾病的发生路径。

具体而言，应致力于通过多种途径降低疾病风险。例如，通过广泛宣传控烟限酒的积极效应，引导公众形成健康的生活习惯，进而减少癌症和心血管疾病等慢性疾病的发病率；通过大力推广疫苗接种工作，构建起坚实的免疫屏障，有效降低传染病的肆虐风险；通过积极倡导并推动定期体检的普及，实现疾病的早发现、早干预，将潜在的健康隐患扼杀在萌芽状态。相较于治疗性医疗服务的被动应对，健康促进更加注重在疾病尚未露出端倪之时便采取积极主动的干预措施，力求从源头上减少致病因素的暴露与侵袭。这种前瞻性的预防策略，不仅能够在一定程度上缓解医疗资源的紧张局面，还能够显著提升整个社会的健康水平。此外，还应致力于通过改善环境质量，减少空气污染等不利因素对呼吸系统的损害，降低呼吸系统疾病的发生率；通过提供专业的心理健康服务，有效预防焦虑和抑郁等心理问题的滋生及蔓延，为社会的和谐稳定贡献力量。

（四）强调人群的主动参与

健康促进的成功落地与持续深化，在很大程度上仰赖于人群的广泛且深入的主动参与。个体、家庭以及社区等多元主体的积极参与，构成了巩固健康成果、推动健康事业稳步前行的基石。而健康知识的广泛普及与健康观念的深刻转变，则是激发这一参与热情、实现健康目标的重要前提与保障。通过生动有效的健康教育活动，人们能够深刻认识到自身健康所承载的非凡价值与深远意义，进而自觉采取积极举措，全力维护与持续改善自身健康状况。例如，踊跃参加社区举办的健康讲座，积极加入健身俱乐部以锤炼体魄，主动参与心理健康辅导以滋养心灵，这些都是人们主动参与健康促进的生动体现。

在社区方面，居民的广泛参与也至关重要。通过成立健康促进委员会等专门机构，组建充满活力的志愿者团队，能够更有效地动员社区居民携手共进，共同投身健康促进的宏伟事业之中。例如，在社区范围内举办丰富多彩的健康主题日活动，广泛宣传科学饮食、定期锻炼以及戒烟限酒等健康生活方式的重要性；通过健康志愿者的贴心上门服务，为老年群体及行动不便的居民提供贴心周到的健康支持。这种自下而上、全民参与的方式，能够更高效地推动健康促进策略的深入实施，为构建健康、和谐、美好的社会奠定坚实基础。

（五）客观支持与主观参与相结合

健康促进，作为一项错综复杂的综合性社会工程，其成功实施与持续深化，离不开客观支持与主观参与的紧密融合与协同发力。客观支持，构筑起健康促进的坚实基石，涵盖政策导向、环境优化与资源配置等诸多方面，如制定并完善健康相关法规体系、精心布局健康服务设施网络以及积极推动健康经济政策的落地生根。而主观参与则激发起个体与群体在健康促进中的澎湃活力，个体聚焦健康意识的觉醒与健康行为的践行，如踊跃投身健康教育活动、身体力行地践行健康生活方式以及全力支持社区健康建设等。

客观支持为人们行为的积极转变提供了不可或缺的外部条件与有力保障。例如，政府通过科学制定并严格执行法律法规，对工业排放实施严格限制，从而显著改善空气质量，为居民营造更加宜居、健康的生活环境；通过建立并运营健康咨询中心，为公众提供权威、专业的健康指导与建议。与此同时，主观参与，则如同一股强劲的内生动力，不断巩固并拓展着健康促进的丰硕成果。居民自发组织健康俱乐部，共享健康生活的乐趣与智慧；企业积极开展员工健康体检，关爱员工身心健康；学校精心举办健康主题教育活动，引导学生树立正确的健康观念。这些都是健康促进中主观参与生动实践的典型例证。

通过客观支持与主观参与的有机结合与相互促进，健康促进不仅聚焦于个体行为的积极转变，还强调社会环境的整体优化与政策支持的全面保障。这种全方位、多层次的干预策略，使得健康促进能够在更为广阔的社会舞台上绽放光彩，取得积极而深远的成效。

六、健康促进的主要活动领域

早在 1986 年召开的首届全球健康促进大会上，《渥太华宣言》就明确提出了健康促进的五个主要活动领域。这些活动领域为推动全球健康促进工作的开展提供了系统化的指导框架（见图 1–7）。

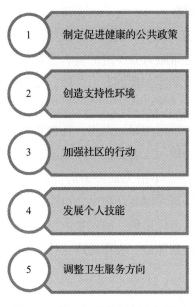

图 1–7　健康促进的主要活动领域

（一）制定促进健康的公共政策

健康促进的视野已然跨越传统卫生保健的狭隘范畴，将健康议题提升至各级政府与多元部门的核心职责之列。健康，这一昔日医疗领域的专属命题，如今已成为经济、教育、环境、交通等非卫生领域不可或缺的核心议题。鉴于此，各部门需将促进健康的公共政策制定进行优先考量，通过精心设计的政策举措，为社会整体健康福祉的增进创造有利条件。政府层面，可依托立法手段，强势推动控烟限酒及健康饮食等健康生活方式的普及，亦可通过税收政策的巧妙设计，为体育健身产业的蓬勃发展提供有力支撑。这些政策举措，无疑将为公众健康素养的提升与健康行为的养成奠定基础。此外，非卫生部门在健康促进政策制定中的贡献同样不容小觑。教育部门可适时调整课程内容，巧妙融入健康知识普及，以培养学生的健康意识与自我保健能力；交通部门应致力于完善绿色出行设施，减少环境污染，为公众营造更加宜居、健康的环境；食品监管部门则需通过严格的食品安全检查，确保居民的饮食安全与健康。

通过跨部门的紧密协作与政策联动，健康促进政策将得以更加全面、深入地影响公众的生活方式与社会环境，为构建健康、和谐、美好的社会贡献力量。

（二）创造支持性环境

健康促进的深入实施，离不开优质的社会与自然环境的支撑。环境的优化与提升，构成了健康促进策略有效推进的基石。安全、舒适且充满愉悦感的环境，不仅能够为身体健康的维护提供有力保障，还能对心理健康水平的提升产生积极促进作用。

在城市规划中，需注重增加绿地面积，让自然之美融入城市肌理；改善空气质量，让清新空气成为城市常态；提供便捷的公共健身设施，让运动健身成为居民生活的一部分。这些举措无疑将为居民创造更加健康、宜居的生活空间。同样地，在工作场所这一微观环境中，也应致力于改善照明条件，营造明亮舒适的工作环境；优化通风系统，确保室内空气的清新与流通；通过提供丰富的员工健康福利，如定期体检、心理健康支持等，全面提升员工的健康状态与工作满意度。

（三）加强社区的行动

社区作为健康促进的重要平台，其活力源自居民的积极参与和资源的巧妙整合。居民最熟悉自身的需求，他们拥有决定健康目标实现方式和选择实施路径的能力。因此，社区的行动力度是提升居民生活质量的重要因素。

社区动员能让居民更深刻地认识自身的健康问题，并为他们提供应对之策。例如，社区可通过举办健康讲座、进行健康筛查、开展健身活动等多元化的健康促进活动，帮助居民获取健康知识和技能。同时，深入挖掘社区资源也至关重要，如整合医疗资源、动员志愿者力量以及争取社会组织的支持，让健康促进工作更加精准和高效。社区参与还能增进居民间的互动与扶持。例如，通过邻里互助关心老年人、弱势群体的健康；通过社区志愿服务，为慢性病患者提供日常健康关怀等。这种立足社区的健康促进模式，能在小范围内实现健康管理的精细化和个性化服务。

（四）发展个人技能

发展个人技能是推动社会整体健康水平提升的基础。通过提供健康信息和教育，增强个体的健康决策能力，使个体更有效地管理自身健康。例如，普及健康饮食知识有助于降低肥胖和营养不良的风险，传播心理健康知识则能帮助人们更好地应对情绪困扰和压力。此外，发展个人技能还包括为不同生命阶段可能遇到的健康问题做好准备。青少年需掌握正确的健康知识，成年人需学习慢性病预防技巧，老年人则需了解如何保持活动能力和应对衰老带来的健康挑战。学校、家庭、工作场所和社区应全方位支持个人发展健康技能。学校可开设健康教育课程，家庭可为成员提供健康生活建议，工作场所可通过健康培训提升员工的健康管理技能。

发展个人技能，不仅能让个体更好地掌控自身的身体健康情况，还能促进家庭和社区的整体健康。个体的健康行为对周围环境和人群具有积极影响，如家长的健康饮食习惯能影响子女的饮食选择，员工的健康行为能提升整个工作团队的健康意识。

（五）调整卫生服务方向

健康促进的关键一环在于重新调整卫生服务的方向，让其更加聚焦于健康维护和预防服务，而非仅仅局限于疾病治疗。这一转变的实现离不开多方合作，包括个人、卫生专家、社会组织、企业及政府等各方力量。例如，卫生部门可通过强化基层医疗服务，让居民更轻松地获取预防性医疗服务；专业医疗机构则可借助健康管理和教育，助力患者更好地管理慢性病。在此过程中，卫生服务体系需从"疾病导向"转变为"健康导向"。例如，医院可设立健康促进中心，为患者和大众提供健康咨询服务；企业可推行员工健康计划，促进职场健康氛围的营造；社区卫生服务中心则可结合本地特色，开展专项健康活动，如老年人慢性病防控、儿童疫苗接种宣传等。

此外，调整卫生服务方向还需依托现代科技的助力。远程医疗、大数据健康追踪、人工智能辅助诊断等前沿技术的应用，能大幅提升卫生服务的效率和覆盖面。例如，借助健康管理平台，居民可在线监测健康数据，收获个性化的健康指导；通过远程医疗系统，偏远地区居民同样能享受到高质量的医疗服务。

七、健康促进的实施策略

实施健康促进依赖一系列精心设计的政策与策略，这些策略的科学合理性直接关乎健康促进目标达成的程度及实施成效的优劣。健康促进策略作为关键的健康干预工具，扮演着至关重要的角色。在构思和执行健康促进策略时，应遵循既定原则，以保障其科学性、可行性和精准性，进而提升实施成效。

（一）制定健康促进策略的原则

制定健康促进策略是一项既复杂又精细的任务，它不仅是探索科学干预方法的过程，还是将健康目标转化为具体行动的实践。策略的设计需以明确的目标为导向，进而形成一系列具备可操作性的措施，这些措施的实施旨在达成预期的健康促进成效。这一过程环环相扣，逻辑严密，因此，有人将其视为一种健康促进的"艺术"。为确保健康促进策略的有效落实，必须坚守四项基本原则（见图1-8）。

图1-8 制定健康促进策略的原则

1. 发展性原则

在制定健康促进策略时，应将发展性作为核心指导原则。具体而言，这一原则强调在设计策略时需充分发挥创造性思维，并确保策略的执行能产生实际效果。高效的策略往往能够贴合执行主体的具体需求，具备较高的目标达成效率，并能满足数据分析的要求。此外，发展性原则还着重于对未来趋势的预判，即在策略规划时，需结合健康促进的发展动向及未来可能遭遇的挑战，制定出具有长远意义的策略。这种前瞻性使得健康促进的干预手段更能贴合实际需求，为健康目标的达成提供有力的支撑。

2. 可行性原则

健康促进策略的可行性原则是保障策略在现实中被顺畅执行的核心要素。在策略规划阶段，必须全面考量所需的人力资源、资金支持和物资配备等条件，并评估这些条件能否满足策略运作的实际需求。为了确保策略的可行性，通常通过预试验来进行验证。预试验旨在小范围内测试策略的可操作性及其成效，依据试验反馈持续优化策略内容及实施细节。选择预试验的范围时，需紧密结合策略未来实际应用的领域和目标群体的特征，以确保试验结果的指导意义。同时，在预试验过程中还需识别并调整执行过程中可能遇到的潜在问题，从而提升策略实施的成功率。

3. 针对性原则

健康促进策略的核心旨归是实现既定的健康目标，因此在策略制定过程中必须凸显明确的针对性。针对性原则强调在策略设计时紧密围绕目标与措施之间的逻辑关联，确保每项策略活动都能为目标的达成提供切实助力。为了评估策略的实施成效，策略需具备可评估性，这就要求策略内容应包含明确的评价标准及确保实施过程的可追踪性。此外，在策略实施期间，还需定期审视策略与目标的契合度，确保策略能随目标调整而优化，从而在健康促进中发挥更加显著的作用。

4. 整合性原则

整合性原则着重强调策略设计需具备系统性和整体性视角，避免片面或孤立的设计思路。在制定和筛选健康促进策略时，应避免局限于"一事一策"的思维模式，即不应仅为满足某一特定活动的需求而孤立地制定策略。相反，策略的设计应从整体效能出发，将多种策略有机融合，构建一个功能互补、协同作用的综合系统。例如，健康教育、政策调控、行为激励等策略可以相互协同，在综合作用下产生更为显著的健康促进效果。整合性原则要求在设计策略时，需从更广泛的健康需求视角出发，全面考量不同领域、不同层次的健康干预需求，最终构建出一个具备综合效益的策略体系。

（二）健康促进实施的具体策略

健康促进是一项综合性的活动，旨在通过倡导、赋权和协调等多种手段，动员社会各界的广泛力量，提升个人及社会整体的健康水平。它并非仅仅依赖于医疗卫生部门的"单打独斗"，而是需要多个领域、部门的通力合作。健康促进的终极愿景是通过多方共同努力，促进健康资源的合理布局与健康权利的公正享有，从而全方位改善人类的健康状况。对于健康促进实施的具体策略，可以从如图 1-9 所示的三个方面进行深入阐述。

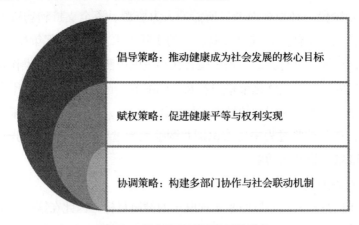

倡导策略：推动健康成为社会发展的核心目标

赋权策略：促进健康平等与权利实现

协调策略：构建多部门协作与社会联动机制

图 1-9　健康促进实施的具体策略

1. 倡导策略：推动健康成为社会发展的核心目标

倡导策略在健康促进中占据重要地位，其核心在于组织和动员社会资源，将健康议题提升至公共政策与社会发展的核心议题之列。健康不仅是个人成长与发展的基石，还是经济持续繁荣与社会进步不可或缺的宝贵资源。缺乏健康，社会的发展动力与生活品质便无从谈起。因此，倡导策略致力于通过全社会的协同努力，为健康的蓬勃发展创造有利条件。

在具体实施中，倡导策略主要包括以下四个方面：

（1）推动健康政策的制定与落实。健康政策的制定与落实离不开政府的深度介入。卫生部门需携手非卫生部门，将民众的健康需求融入公共政策议程，确保各项政策能够充分映射并满足公众的健康诉求。例如，通过出台有益于健康的法律法规与政策导向，可以规范工业生产对环境的影响，确保饮用水安全，减轻空气污染，进而提升公众的健康水平。

（2）增强公众对健康问题的关注。倡导策略涵盖通过多种宣传媒介提升民众对健康重要性的认识，并鼓励他们积极参与到健康促进的实践中来。借助媒体宣传、社区活动以及教育引导，可以有效激发公众对健康的关注热情，促使卫生资源在配置过程中更趋合理与公正。

（3）促进部门协作与资源共享。卫生部门应积极倡议其他领域与部门关注健康需求，携手共建健康支持性环境。这种跨领域的协同合作不仅能提升健康资源的利用效率，还能更有效地整合社会资源，为民众健康提供更为全面的保障。

（4）优化健康支持性环境。通过政策扶持与公共设施建设，优化健康支持性环境，使民众在日常生活中能够更便捷地作出有益健康的选择。例如，通过建设安全的运动场地、提供健康饮食的便捷途径等措施，可以有效改善民众的健康行为模式。

2. 赋权策略：促进健康平等与权利实现

赋权策略的核心在于提升个体与社区的健康意识与能力，助力他们把握影响健康的要素，从而切实保障健康权益。健康不仅是基本人权的核心组成部分，也是社会公正的重要彰显。赋权策略旨在缩减资源分配不均所带来的健康差距，确保所有人都能平等享有卫生保健的权利。

（1）提升个体的健康意识与能力。健康促进的精髓在于激发并发挥每个人的健康潜能。这需要借助教育与技能培训，使民众掌握科学的健康知识，并具备应对健康挑战的能力。例如，普及慢性病预防常识、传授科学饮食与体育锻炼方法等，都能提升个体在健康管理上的自主性。

（2）解决健康资源分配的不均衡问题。赋权策略同样聚焦于资源分配不均所带来的健康差异。通过政策调控，可以将更多卫生资源倾斜至资源匮乏地区，特别是偏远不发达地区，以改善这些地区的医疗卫生状况。例如，可以通过建设基层医疗卫生机构与培育乡村医疗人才，解决基层医疗资源匮乏的问题。

（3）加大健康权利的社会保障力度。健康赋权的终极目标是实现社会健康的公平性。为此，需要构建健全的社会保障体系，确保所有人都能以合理的成本获取基本卫生服务。例如，通过实施全民健康保险制度，可以有效降低因病致贫、因病返贫的风险，提升公众的健康保障层次。

（4）促进社区参与基层自治。通过赋予社区更多的管理权与决策权，激发社区参与健康事务的热情。例如，建立社区健康管理机构，鼓励居民共同商讨健康问题的应对策略，既能提升社区的健康治理效能，也能增强居民的归属感与责任感。

3. 协调策略：构建多部门协作与社会联动机制

健康促进并非某一部门或单一领域的专属责任，它是一项需动员全社会广泛参与的系统性事业。协调策略的执行，核心在于汇聚多方资源与力量，构建全面的社会支持框架，从而为健康目标的达成提供源源不断的动力。

（1）促进多部门协作。人民健康与经济、环境、教育等诸多领域紧密相连，因此亟须增强跨部门的沟通与协作。例如，教育部门可以将健康理念融入学校课程体系，助力学生树立健康观念；环境部门可以通过污染治理与生态环境优化，为公众营造更为健康的生活空间。借助跨部门协同，实现资源共享、优势整合，携手推进健康目标的达成。

（2）发展强大的社会支持网络。健康促进离不开社会各界的鼎力支持，可以通过与专业机构、非政府组织及社区组织携手，共同构筑强大的社会支持网络。这一网络能够为健康促进活动提供人力、物力及资金等多方面的援助。例如，社会组织可依托志愿者服务，为老年人提供健康指导与关怀服务；企业可设立健康专项基金，为困难群体提供医疗救助。

（3）推动公众积极参与。公众是健康促进的最终受益群体，也是不可或缺的参与力量。通过策划并举办形式多样的健康促进活动，点燃公众的参与热情。例如，可以举办社区健身挑战赛、健康知识分享会等活动，激发公众对健康生活方式的热情与实践意愿。此外，借助数字化工具，如开发健康管理应用程序，为公众提供更加便捷的健康管理工具。

（4）强化卫生领域的专业协调。卫生部门作为健康促进的引领者，肩负着专业协同的重要使命。在实际操作中，卫生部门需主动与其他部门建立联系，并将健康促进议题融入社会发展的宏观规划中。同时，卫生部门还需强化内部协同，优化资源配置，以保障各级机构的高效运行。例如，通过构建远程医疗服务体系，实现资源的高效共享，拓宽医疗服务的覆盖范围，提升服务的可及性。

第二章　当代青少年体质的特征与健康状况分析

第一节　青少年体质的特征

青春期作为人生长发育的黄金时期，受到神经与内分泌系统的双重调节，青少年的身体发育在此期间显著提速。与此同时，生殖系统逐步成熟，伴随着第二性征的涌现，男女两性在体态、功能及身体素质上的性别分化日益明显。首先，体态差异成为青春期的重要标志。男生在这一阶段通常展现出身高骤增、肌肉显著强健、肩膀拓宽等力量型体态特征；女生则呈现骨盆增宽、脂肪在臀腿部位积聚、身形线条更加柔美的体态特征，彰显独特的女性韵味。其次，功能差异亦是青春期的显著特点。随着第二性征的发育，男生声带增厚，声音低沉，喉结凸显；女生则迎来月经初潮，标志着身体系统的发育逐步成熟。此外，内分泌系统的作用使得两性在体力、耐力及协调性等功能表现上存在差异，这种差异进一步影响体育运动及体能训练的方式与成效。最后，青春期身体素质的变化尤为突出。男生在肌肉力量、爆发力及速度上往往占据优势，而女生则在柔韧性与灵活性方面表现卓越。鉴于这些不同的身体素质特征，两性在青春期需采取个性化的方法强化身体素质，以满足这一快速发育阶段的特定需求。

下面将深入剖析青少年群体较为显著的体质特征。

一、生长突增

青春期的生长突增是青少年身体快速发育的显著特征之一，也是预示青春期降临的关键信号。在这一阶段，青少年的身高增速显著提升，且男孩与女孩在不同时段展现出各具特色的生长模式，伴随着明显的性别差异。一般来说，女孩在 9~11 岁这一年龄段会迎来身高的显著跃升，而男孩的生长高峰则大多出现在 11~13 岁。女孩的身高增长速度通常为每年 5~7 厘米，相比之下，男孩的身高增长速度略胜一筹，年均增长可达 7~9 厘米。值得注意的是，男孩的生长突增往往滞后于女孩约两年，这一时间差使得女孩在青春期初期通常比同龄男孩更为高挑。然而，女孩的骨骼发育在青春期尾声时会较早地步入停滞阶段。因此，成年女性的平均身高相较于男性要低大约 10 厘米。

青少年的生长发育可划分为早熟型、平均型及晚熟型三大类别，这一分类依据的是青少年骨龄与实际年龄间的差异。早熟型的青少年往往在较早的年龄阶段便启动生长突增，但由于其生长期相对短暂，最终的成年身高往往未能达到平均水平。平均型的青少年则以相对平稳的速度完成生长发育，其身高大致与同龄人的平均值相吻合。而晚熟型的青少年则在青春期的后半段才开始展现快速生长的态势，其生长期相对较长，最终往往能超越平均身高水平。

生长突增不仅是青春期的一个关键生理特征，还是造成青少年身高差异的重要因素。它不仅受到遗传因素的深刻影响，还受制于营养状况、生活习惯以及运动水平等外部条件。科学地监测与管理这一阶段的生长发育，有助于充分挖掘青少年身高潜力，同时能有效预防因生长过程中的不当干预而引发的健康问题。对于早熟型的青少年而言，适当延长身体活动时间并合理调控营养摄入，有助于提升其身高潜力；对于晚熟型的青少年而言，则需密切关注骨骼发育的持续性，避免过早削减运动量及忽视饮食中的钙质补给。

二、体型和体态变化

青春期是个体形态发展的关键时期，在遗传因素的驱动和内分泌系统的精细调控下，男生与女生的体型与体态逐渐呈现出鲜明的性别差异。这些差异不仅标志着两性生理特性的逐步凸显，还为他们成年后体型的最终定型奠定了基础。

当青春期画上句号时，男生往往展现出高大挺拔的身材、宽广厚实的肩膀以及相对修长的四肢。在这一阶段，肌肉迅速壮大，为他们的体态增添了更多的力量与阳刚之气。相比之下，女生的身体发育则更加注重柔美与曲线的展现，下半身的骨骼发育尤为显著，骨盆逐渐拓宽，为未来的生育功能奠定了基础。同时，她们的四肢相对较短，身体脂肪分布更为匀称，尤其在臀部和大腿部位积聚，塑造出丰满且充满女性魅力的体态。此外，体型的发育还与青春期的成熟类型息息相关。早熟型女生往往在较早的时期就展现出更为鲜明的女性体征，脂肪分布的性别特征尤为突出，体态越发接近成年女性。而晚熟型女生由于发育进程较为缓慢，女性特征的出现相对滞后，体型一度可能带有更多的男性化特点。男生的情况则有所不同，早熟型男生在青春期的早期阶段可能表现为男性特征不够鲜明，甚至在某些方面与女性体型相近，如肩膀较窄或肌肉不够发达。晚熟型男生因发育时间推迟，往往在青春期的后半程展现出更为典型的男性特征，如肩膀更加宽阔、肌肉更加发达以及体态更具力量感。

三、体脂和瘦体重差异

在青少年这一成长阶段，男生的体脂水平会伴随着年龄的增长和性征的逐渐成熟而呈现出递减的趋势，而女生则相反，体脂会有所增加。相较于女生，男生在瘦体重以及去骨瘦体重方面均展现出更为显著的优势。不过，在骨矿物含量这一点上，青少年男女之间并未表现出明显的性别差异。

进入青春期后，女生的雌激素分泌速度显著提升，这一变化促使胰岛素和糖皮质激素的分泌也有所增加。这些激素的协同作用促进了蛋白质的合成，加速了脂肪的沉积，使肌肉的增长尤为明显。同时，睾酮在男生体内发挥着对脂肪沉积的调控作用。因此，当男生年满 15 岁后，他们的皮下脂肪量会呈现出不断减少的趋势。

四、身体素质迅猛提升

青春期是身体素质迅猛提升的黄金时期，男生与女生在这一阶段展现出截然不同的发展特点和规律。多数男生的身体素质指标在 12~16 岁的年龄段内迎来增长的高峰期，而速度相关的素质，如 50 米跑，早在 7~8 岁时便经历了一个迅猛提升的阶段。相比之下，女生的力量、速度等身体素质在 7~9 岁迎来快速提升的高峰，而柔韧性和耐力则通常在接近或进入成年期后的 1~2 年展现出更为显著的进步。

在青春期的身体素质发展中，男生在力量、速度、耐力以及灵敏度等多个维度上实现了较为明显的提升。这一阶段的快速增长与体内激素水平的变化紧密相连，特别是睾酮的积极作用，显著推动了肌肉力量和爆发力的提升。因此，男生在这一时期通过科学合理的训练，能够进一步夯实身体素质的基础，为成年后的体能表现打下坚实的根基。女生的身体素质发展则遵循着独特的节奏。7~9 岁是女生力量和速度等迅猛发展的时期，但随着青春期的到来，体内脂肪比例的增加在一定程度上影响了爆发力、速度等体能指标的进一步提升。然而，女生在柔韧性和耐力方面的优势逐渐凸显，并在接近成年时达到发展的巅峰，这使得她们在一些需要长期保持稳定表现的运动项目中展现出了更大的潜力。

第二节　当代青少年体质健康状况

近年来，青少年体质健康问题已成为社会各界广泛关注的焦点，这一问题甚至在全国两会上多次被提及，充分体现了社会对其的高度关注。本节将着重对当代青少年体质健康的基本状况进行深入调查与分析，并针对相关问题进行详尽的探讨。

一、青少年身心发展特点

（一）青少年身体发展特点

青少年时期是个体身体迅速迈向成熟的关键时期，此阶段的发育特征不仅显著体现在形体的成长与神经系统的发育上，还涵盖了性机能的逐步成熟。历经青春期的迅猛发育，青少年众多身体指标均已趋近于成年人的标准。以下将从青少年的形体特点、神经系统特点以及性机能特点这三个维度进行详尽的阐述与分析。

1. 青少年形体特点

青春期之后，青少年的体格与体型已逐渐逼近成年人的标准，骨骼系统发育趋于完善，骨骼密度与坚固性得到显著提升。在度过青春期前期的生长高峰后，身体的外在形态变化逐渐放缓，体型开始趋于稳定状态。在这一阶段，男生通常展现出身材高大、肌肉健硕、肩膀宽阔等阳刚之气，而女生则呈现出骨盆增宽、脂肪分布向臀部和大腿等部位集中的女性特征，体态柔美且曲线玲珑。此时，体型的塑造在很大程度上受到个人运动习惯和饮食结构的影响。若能结合科学的锻炼方法与合理的营养摄入，青少年将有机会在此阶段优化身体比例，为成年后的体格健康打下坚实而稳固的基础。

2. 青少年神经系统特点

步入青春期，青少年的神经系统步入了至关重要的成熟阶段。在这一时期，大脑的发育日益完善，脑细胞的连接结构越发紧密，神经元间的连接在数量与质量上均实现了显著提升。随着大脑皮层活动的日益活跃，青少年的学习能力、记忆能力以及逻辑思维能力均得到了显著增强。通过系统的学习与训练，他们的大脑反应速度和协调能力也逐渐逼近成年人的水准。这一阶段的神经系统发展，为青少年赋予了强大的学习适应力与反应力。然而，值得注意的是，由于大脑皮层的兴奋与抑制功能尚未达到完全平衡的状态，青少年的情绪调控能力相对较为薄弱，情绪波动的情况较为常见。因此，需要通过有效的教育与引导，帮助他们掌握情绪管理的方法与技巧，从而促进其心理健康的稳健发展。

3. 青少年性机能特点

青春期是性机能发展的关键阶段，青少年在这一阶段迎来了第二个生长发育的高峰期。随着身体的迅猛成长，性器官逐步走向成熟，男生与女生的性别特征越发鲜明。具体而言，男生的睾酮分泌量显著增加，促使肌肉更为发达，声音变得低沉且喉结凸显，而女生的雌激素水平则大幅提升，乳房逐渐发育丰满，体态更具女性韵味。此外，性机能的成熟也伴随着青少年心理上的微妙变化。他们开始对异性产生浓厚的兴趣与情感吸引，表现出一定的爱慕与倾慕之情。这一阶段的情感发展错综复杂，既受到生理变化的内在驱动，又受到社会环境的外部影响。因此，家长与教师在这一关键时期的教育引导显得尤为重要。他们需要通过积极的沟通与交流，以及恰当的引导与帮助，使青少年能够正确认识并理解自身生理与心理上的变化，从而树立起健康、积极的情感观念。

（二）青少年心理发展特点

随着青少年年龄的不断增长，其心理也随之不断发展，处于青春发育期的青少年主要有五种心理发展特点（见图2-1）。

1	抽象思维发展迅速但欠缺客观性
2	自我意识强烈但不成熟
3	情感丰富，情绪波动明显
4	性意识觉醒和逐步提高
5	意志力增强，但缺乏必要的稳定性

图2-1　青少年心理发展特点

1. 抽象思维发展迅速但欠缺客观性

抽象思维对于个人而言至关重要，它是个体能力素质的重要组成部分。一般而言，抽象思维主要起源于理性认识阶段。在这一阶段，人们运用概念、判断、推理等思维形式，以间接或概括的方式反映客观现实。青少年由于掌握了较为丰富的知识储备，抽象思维在此基础上得以迅速发展。他们在思考和解决问题的过程中，能够运用辩证思维来审视问题，这正是抽象思维成熟与运用的体现。具备良好的抽象思维能力，已成为衡量个人综合能力的一个重要标尺。尽管青少年的身体发育水平已接近成年人，但是总体而言，他们的抽象思维尚不够成熟和稳定，带有一定的主观色彩和片面性。在某些情境下，他们可能会出现自卑、自负或行为偏激等现象，这在一定程度上与青少年缺乏必要的社会阅历有关。为了不断改善这一状况，青少年需要积累大量的社会经验，以促使抽象思维更加成熟与全面。

2. 自我意识强烈但不成熟

自我意识是指个体对自己及其与外界关系的认知与理解，每个人都具备自我意识。对于青少年而言，他们正处于青春发育的尾声，即将步入社会的大门。在这一阶段，他们渴望得到社会的关注与认可，特别是对于自己的学识与能力的肯定，而不愿被过度干涉、限制或被视为孩子对待。因此，青少年在这一时期展现出强烈的自我意识，并伴随有强烈的自尊心。然而，值得注意的是，由于青少年尚缺乏必要的社会经验，他们往往容易片面地看待社会及各种问题。有时，他们的想法与行为仍带有孩子般的稚气，显得不够成熟，甚至充斥着浓厚的幻想色彩，与现实情况存在偏差。这些表现反映了他们在自我意识发展上的不成熟。

3. 情感丰富，情绪波动明显

青少年的身心发展已逐渐接近成年人的水平，在青春发育阶段，他们洋溢着青春的活力与气息。大学作为社会的缩影，为青少年提供了一个与来自五湖四海乃至国际的友人交流的平台，使他们的情感体验越发丰富，社交能力也随之增强。远离父母，独自在外求学的青少年展现出较强的独立性，他们更加珍视师生情谊及与同学的深厚友谊，情感表达尤为真挚。此外，随着年龄的增长，青少年的情感世界日益丰富多彩，爱情观也逐渐成熟。尽管青少年在控制情绪的能力上有了显著提升，但是在遭遇较大刺激时，他们仍难以完全驾驭自己的情绪，情绪波动较为明显，有时甚至会出现过激行为，这反映出他们在心理层面的不成熟。因此，教师需要给予适当的引导与帮助，确保青少年能够沿着健康的发展轨迹前行。

4. 性意识觉醒和逐步提高

随着青春期中期的到来，青少年在年龄增长的同时，心理发育也逐渐趋向成熟，性意识显著增强。性意识的觉醒与提高对青少年产生了两方面的深远影响。一方面，青少年在这一阶段高度重视自我形象的塑造，追求个性独特的发展，努力展现自己的魅力；另一方面，青春期的青少年性意识开始萌动，对异性产生了了解与接近的渴望，期盼能得到异性的关注与重视，这是他们情感与心理发展的重要表现。

5. 意志力增强，但缺乏必要的稳定性

青少年为了实现自己的理想与目标，通常会结合实际情况，制订短期或长期的奋斗计划，并严格按照这一计划进行学习或做好准备，持续努力，不断克服各种困难，展现出坚韧不拔的意志品质。这反映青少年随着年龄的增长，心理发展水平不断提升，意志力也随之增强。然而，不得不说的是，青少年的意志力尚缺乏一定的稳定性。在面对困难和挫折时，他们有时会表现出退缩、犹豫不决的态度，难以做出正确的决策。这表明他们的意志力还不够坚定，也缺乏必要的生活阅历和经验来支撑他们在逆境中保持坚韧。

二、当代青少年体质健康状况

（一）青少年身体形态状况

时至今日，青少年的体质健康问题已成为社会各界广泛关注的焦点。在当前时代背景下，科技为人们带来了诸多便利与实惠，同时悄然改变了人们的生活方式，也产生了一系列负面影响。当前青少年的体质水平令人担忧，各类体质健康问题层出不穷，其中身体形态问题尤为突出。在青少年体质健康的众多问题中，体重异常现象尤为显著。相关调查统计显示，仅有约 1/6 的青少年体质水平处于正常范围，其余均存在不同程度的体重异常。超重、肥胖、低体重以及营养不良是体重异常的几种主要表现。通常来说，男性青少年中肥胖与超重者的比例相对较高，而低体重与营养不良者的比例则相对较低；女性青少年中非正常体重者的比例达 4/5 以上，与男性青少年相差无几。在身高与标准体重指数方面，女性青少年的表现略优于男性。

（二）青少年身体机能状况

近年来，我国青少年的体质健康状况堪忧，特别是心肺功能呈现出较为明显的下降趋势。只有当人体的各项机能得到全面发展时，身体各个系统的功能才能得到相应的增强。例如，呼吸肌力量的增强和胸廓运动幅度的加大，能够显著改善呼吸功能；心肌力量的增强和血管壁弹性的提升，也是心血管功能得以改善与增强的关键所在。

总体而言，青少年身体机能的状况通常反映在肺活量、心血管功能以及血压三个方面。通过这些指标，可以评估青少年的健康状况和身体素质，同时揭示当前存在的主要问题。以下从肺活量、心血管机能和血压三个角度进行详细分析。

1. 青少年的肺活量状况

肺活量是衡量呼吸系统功能的重要指标。肺活量与体重的比值，即肺活量体重指数，能够更为直观地体现青少年呼吸系统的健康状况。然而，数据显示，仅有约 1/20 的青少年肺活量体重指数能达到优秀标准，不及格者的比例则相对较高。从性别差异的角度来看，男生的肺活量体重指数不及格比例略低于女生，这或许与男生更热衷于参与体育运动有关。尽管如此，部分男生的肺活量体重指数仍未能达到良好水平，与女生的情况相近。不过，女生的整体肺活量体重指数表现略优于男生，可能与女生的身体脂肪分布及生理特点有关。整体来看，青少年肺活量偏低的现象揭示了呼吸系统功能不足的问题，这可能与体育锻炼不足、生活方式不健康等因素紧密相关。因此，为了提升青少年的肺活量，需要加强对体育活动的指导和引导，同时注重改善青少年的呼吸功能和心肺耐力，以促进其健康成长。

2. 青少年的心血管机能状况

心血管功能无疑是评估身体机能健康与否的重要指标之一。然而，在青少年群体中，心血管机能发育不良的情况屡见不鲜。究其原因，青少年缺乏必要的体育锻炼，致使心血管系统的耐力和适应性难以获得显著提升。以大学生群体为例，尽管有些学校在一二年级安排了体育课程，但是这些课程的时间相对有限，对青少年心血管机能的促进作用仅限于短期。通过体育课和课外运动，青少年在这一短时期的运动强度和时间得以基本保障，身体素质也相应提升。然而，体育课程结束后，很多青少年逐渐减少了运动锻炼，甚至彻底停止，导致心血管机能难以维持良好状态，身体素质也随之下降。为了改善青少年的心血管机能状况，学校和家庭应共同努力，鼓励青少年形成长期坚持锻炼的习惯，特别是在体育课程结束后，依然要保持适当的运动频率和强度。此外，通过体育活动提升心血管耐力和循环功能，不仅可以增强身体素质，还能有效预防因久坐不动和运动缺乏而引发的心血管疾病。

3. 青少年的血压状况

血压是反映循环系统健康的重要参数，在青少年群体中，不同个体的血压状况呈现出一定的差异性，这种差异往往与其生活方式、遗传因素以及知识水平息息相关。整体来看，高血压、高血压前期以及低血压的青少年均占有一定的比例，但这些比例之间存在着显著的差异。在非正常血压范畴内的青少年中，低血压的人数相对较少，而高血压的人数则略多一些。处于正常高值范围的学生占据了相当大的比例。从性别的角度来看，女生的非正常血压比例略低于男生。在体质健康存在问题的青少年中，约有 1/4 的女生表现出非正常血压状况，而男生的这一比例则超过了 1/4，这显示出男生的血压问题相对更为显著。非正常血压状况对青少年的健康构成了潜在的威胁，因此必须予以足够的重视。针对高血压或高血压前期的青少年，应当加强饮食管理，减少高盐、高脂食品的摄入，并增加体育锻炼以改善血液循环功能。而对于低血压的青少年，则需注重营养的均衡摄入，改善血液流动状况，以避免因低血压引发的头晕或其他健康问题。

（三）青少年的常见疾病

青少年时期是成长与发育至关重要阶段，这一阶段的健康状况却极易受到生活方式、卫生条件以及环境因素的共同影响，从而引发一系列常见疾病。在这些疾病当中，近视和龋齿是最为普遍的健康困扰。它们不仅显著影响了青少年的生活质量和学习效率，还在一定程度上揭示了健康管理工作的不足与缺失。

1. 近视

近年来，青少年近视问题日益凸显，呈现出显著的高发趋势。调查数据显示，在我国青少年中，超过半数的个体正遭受近视的困扰。在这庞大的近视群体中，重度近视的比例最高，紧随其后的是中度近视，而轻度近视的占比则相对较低。近视对青少年的日常学习及生活质量产生了直接且深远的影响，特别是在重度近视群体中，这种影响尤为显著。从性别维度观察，女生的近视率略高于男生。在体质健康存在挑战的青少年群体中，女大学生的近视比例已逾半数，而男大学生的近视比例虽与之相近，但仍稍逊于女生。这种性别间的差异可能与女生在学习过程中用眼负担过重、户外活动时间相对匮乏等因素有关。近视的高发态势与诸多因素息息相关，包括长时间沉浸电子产品、学习环境光线不足以及户外运动匮乏等。长期过度用眼，无疑会加剧眼部肌肉的紧张状态，进而促使视力进一步下降。因此，为了有效改善青少年的视力健康状况，需从多方面着手，如合理规划学习与休息时间、增加户外活动以舒缓眼部肌肉、优化室内照明条件以及强化用眼卫生习惯等。

2. 龋齿

龋齿是另一种在青少年群体中极为普遍的疾病，已被世界卫生组织列为继癌症与心血管疾病之后，危害人类健康的第三大顽疾。它的危害之深远，不仅局限于牙齿本身，还可能波及全身健康，对青少年的生长发育构成潜在威胁。患有龋齿的青少年，常因牙痛或牙齿损坏而导致咀嚼功能受损，进而影响食欲、消化机能及营养素的吸收与利用。更为严重的是，龋齿还可能诱发诸如心内膜炎、败血症等全身性疾病，进一步加大健康风险。在体质健康问题尤为突出的青少年群体中，龋齿的发生率高达总人数的40%左右。其中，中龋的发生率最为显著，浅龋、深龋及残冠的比例则相对较低。从性别层面来看，女性青少年的龋齿发生率高于男性，这可能与她们的饮食习惯、口腔卫生意识以及唾液分泌量的差异有关。

龋齿的高发态势与日常生活习惯紧密相连。过量摄入含糖食品、忽视口腔清洁以及缺乏定期的牙科检查，均为导致龋齿的重要因素。为了有效降低龋齿的发生率，必须从改善生活习惯入手。具体而言，应倡导减少甜食的摄入，增加富含钙、磷等矿物质食物的摄入，培养早晚刷牙、饭后漱口的良好习惯，并鼓励青少年定期前往牙科进行口腔检查，以便及时发现并妥善处理早期的龋齿问题。

第三节　青少年体质健康的影响因素分析

影响青少年体质健康的因素是多方面的，总体而言主要包括生物遗传因素和环境因素等多个方面，下面展开具体的研究与分析。

一、生物遗传因素

生物遗传是影响人的各方面发展的最为原始的因素，其涵盖的内容颇为广泛，包括机体的成熟与老化过程、遗传效应，以及人体器官系统功能水平的高低和机体对致病因素的抵抗能力等。通常而言，人类的健康状况直接受到生物遗传因素的深刻影响，众多疾病的发生均源自生物遗传。

在生物致病源方面，一些致病性微生物和寄生虫等是导致人类疾病的常见生物性因素，如蛔虫、原虫、细菌、病毒等。它们通过不同的途径和机制，对人类健康构成威胁。例如，镰状细胞贫血症、血友病、蚕豆病等疾病，均与遗传因素存在着直接的关联。此外，部分肿瘤、心血管疾病、糖尿病及某些精神障碍等复杂疾病，则是遗传、环境和生活方式等多种因素交织作用的结果，其发病机理更为复杂多样。

二、环境因素

环境因素关乎人类生存所依赖的自然环境和社会环境这两大方面。这些因素既包括物质环境，也涵盖非物质环境，对青少年的体质健康有着重要影响。环境对人体健康的作用可以从自然环境和社会环境两个层面展开分析。

（一）自然环境因素

自然环境是青少年健康成长的基石，其影响可从原生环境与次生环境两大角度来分析。

1. 原生环境

原生环境指自然界中那些未受人为干扰的环境条件，如清新的空气、富含矿物质的清泉以及肥沃的土地等。这些自然条件为青少年的成长提供了必要的养分和支持。优质的空气富含氧气，有利于青少年的呼吸系统健康，而纯净的水源则是维持人体正常代谢的关键。然而，由于地理位置和自然条件的不同，一些地区的原生环境存在隐患。例如，有的地方水质可能含有过多的重金属，或者缺少人体必需的微量元素，这可能导致青少年在成长过程中遇到发育迟缓或矿物质缺乏等健康问题。另外，空气质量的变化对青少年的健康也构成了威胁。近年来，随着工业化和城镇化的加速，空气污染问题越发严重，雾霾天气频繁出现，许多城市的空气中弥漫着大量的细颗粒物和有害气体。这些污染物一旦进入人体呼吸系统，可能引发呼吸道炎症、哮喘等疾病，对青少年的身体机能造成长期损害。更为严重的是，长期生活在空气质量不佳的地区，还可能影响青少年的肺功能发育，进而损害他们的整体健康状况。

2. 次生环境

与原生环境不同，次生环境指人类活动对自然环境造成改变后形成的环境。工业生产、农业作业以及城市生活中的废弃物和污染物，是影响次生环境的主要源头。例如，工业生产排放的有害气体和重金属废水，会分别直接对大气和水源造成污染；农业作业中过量使用化肥和农药，则可能导致土壤和地下水受到污染；城市垃圾如果随意堆放或处理不当，也会对周边环境产生持续的负面影响。这些污染因素给青少年的健康带来了多方面的风险。工业排放的有毒气体可能通过呼吸进入人体，引发肺部或其他系统疾病；污染的土壤和水源可能通过食物链传递污染，对青少年的消化系统和生长发育造成不良影响。农药残留可能扰乱青少年的内分泌系统，而重金属污染则可能对神经系统的发育产生负面影响。

长期生活在污染环境中的青少年，除了面临呼吸系统疾病的风险外，还可能出现皮肤问题和免疫系统功能下降。例如，接触被污染的水源可能导致皮肤过敏或感染，而生活在空气质量差的区域，机体的抗病毒和细菌能力可能会下降，增加感染的风险。此外，次生环境的污染还可能对青少年的心理健康造成一定影响，部分青少年可能会因为环境问题而出现情绪低落或焦虑情绪。

（二）社会环境因素

社会环境是指人类在生产、生活及交往过程中构建起来的关系网络，以及由此衍生出的社会结构和条件。它涵盖了社会经济状况、文化教育环境、人口分布特征以及医疗服务体系等诸多方面。作为青少年成长不可或缺的外部条件，社会环境不仅塑造了他们的生活和教育背景，还在其身心健康方面发挥着至关重要的作用。通过细致剖析社会环境中的核心要素，能够更全面地把握其对青少年健康产生的深远影响。

1. 社会经济与文化教育的作用

社会经济条件在很大程度上决定了青少年所能享有的生活质量、教育资源以及医疗保障。经济条件优越的家庭往往能为孩子提供更充足的营养、更全面的教育支持以及更及时的医疗服务，这些都有利于青少年的身体健康与知识积累。对于那些经济条件有限的家庭来说，资源的匮乏可能会导致青少年在营养摄取、学习机会以及疾病预防方面存在一定不足，进而对其全面发展造成一定制约。

文化教育环境同样对青少年的心理健康有着深远影响。在积极健康的文化氛围中，青少年能够更好地汲取知识和正面的价值观，从而形成稳定的心理状态。相反，如果受到不良文化的影响，比如暴力、歧视或歪风邪气的影响，则可能会给青少年的心理健康带来损害。

2. 竞争压力与行为模式的影响

现代社会的飞速发展使得竞争成为一种普遍的社会现象，这一现象也影响了青少年群体。升学和就业方面的压力不断加剧，使得许多青少年长时间处于高压状态。这种压力不仅容易引发心理上的焦虑和抑郁情绪，还可能表现为身体上的疲惫和免疫力的降低。在极端情况下，长期的精神紧张甚至可能诱发心血管疾病或其他慢性健康问题。此外，行为模式也是社会环境中一个不容忽视的因素。随着互联网的广泛普及和现代生活方式的变化，不少青少年倾向于长时间坐着不动或沉迷电子设备，从而大幅减少了身体活动的时间。这种不健康的行为模式直接导致了肥胖、近视以及其他多种健康问题的高发。

三、行为与生活方式

行为是指个体在特定观念指引下所采取的各类行动，是人类在主观意识的驱动下产生的外在活动。而生活方式则是指个体在长期受到社会习俗、规范以及家庭环境的影响下所形成的生活观念及习惯。随着社会的持续进步，人们的健康观念也在不断演变，并日益认识到行为模式与生活方式对人体健康有着极大的影响。为了促进和维护健康，必须建立起科学的行为模式与生活方式，并培养良好的行为习惯与生活习惯，这对青少年的体质健康具有至关重要的意义。

不良的行为模式与生活方式是多种疾病发生的直接诱因。世界卫生组织指出，恶性肿瘤、心脑血管疾病以及由环境污染引发的疾病等，都与人们的不良行为及生活方式密切相关，如不合理的饮食习惯、缺乏运动、过度饮酒、吸烟、吸毒等。此外，不遵守公共安全规则、交通规则等也可能导致交通事故的发生，进而对人体健康造成危害。

近年来，我国肿瘤和心脑血管系统疾病的发病率与死亡率居高不下，这一问题亟须引起高度重视。为了改变这一现状，青少年应当注重调整生活方式，努力培养健康的生活习惯，每天保持积极乐观的情绪和心态，这样才有利于青少年的身心健康发展。

四、医疗与社会保健制度

医疗体系与社会保健制度同样对青少年的体质健康发展产生一定的影响。医疗保健涵盖了普查疾病、疾病治疗、伤残与疾病预防、康复训练、健康促进以及健康教育等一系列的综合活动。社会保健制度内容丰富，但其核心在于建立和完善最基本的卫生保健体系，即初级卫生保健制度。通过构建这一制度，能够对特定区域内人们普遍面临的卫生问题提供有针对性的卫生服务，从而有效预防和控制疾病，提升人们的健康水平。例如，在社区或学校内开展健康教育活动，改善基础卫生设施，以及防治各类疾病等措施，都能有效地维护青少年的身心健康。

五、家庭因素

当前，我国青少年深受家长的溺爱，许多青少年因此养成了懒惰、畏惧脏累的习惯，缺乏自己动手解决问题的能力，且意志力薄弱。这对青少年的健康成长构成了显著的阻碍。此外，家庭的教育方式也在青少年的发展过程中扮演着重要角色。部分家长持有狭隘的教育观念，对孩子的教育方式较为专制，常采用简单粗暴的方法，这种做法极其不利于青少年形成健全的人格。

（一）家庭教育的影响

家庭作为孩子成长的首要环境，其教育方法与氛围对青少年身心健康有着深刻影响。良好的家庭环境能为孩子的全面发展奠定坚实基础，并对其未来的健康状况起到关键作用。然而，当前部分家庭对健康教育的关注较为薄弱，甚至存在阻碍青少年健康成长的现象。

1. 家庭教育方式的影响

在家庭教育的实施过程中，不当的方法往往会对青少年的身心成长产生消极的影响。例如，一些家长过度关注孩子的学业成绩，将应试教育的模式延伸至家庭教育中，从而忽视了对孩子心理健康的关注和体育锻炼。这种单一强调智力教育的方式，不仅使孩子承受沉重的心理压力，还可能造成其身体素质的下滑。同时，一些家长在教育孩子时采取极端手段：或是过度溺爱，导致孩子缺乏独立自主的能力；或是放任自流，使孩子失去必要的指导和规范。这些不良的教育方式往往容易引发一系列健康问题，包括心理焦虑、行为失范以及社会适应能力薄弱等。

2. 家长综合素质的影响

家长的综合素养对青少年的身心健康发展具有直接且长远的影响。这种影响不仅显现在家庭教育的具体内容和实施方式上，还通过家长的思想观念及行为模式，潜移默化地作用于孩子。具备高素养的家长，通常拥有较高的文化素养和良好的道德品质，他们擅长处理复杂的人际关系，并能为孩子树立起正面的榜样。在这样的家庭环境中成长的孩子，往往能够实现全面而均衡的发展，身心健康问题相对较少，且具备较强的社会适应能力。相反，当家长的自身素养较低时，孩子的身心健康和发展可能会从一开始就受到制约。例如，一些家长缺乏科学的教育理念和有效的教育方法，或者自身情绪管理能力不足，容易将负面情绪传递给孩子，进而对孩子的心理健康造成不良影响。这种状况不仅对孩子的成长不利，还可能在一定程度上加剧家庭关系的紧张。

（二）家庭环境的影响

青少年在成长与发展过程中，会受到多方面因素的共同影响，其中家庭环境无疑是一个至关重要的方面。家庭环境对个人成长和发展的影响可谓是潜移默化的，且这种影响的深远程度难以准确估量。一般而言，在良好家庭环境中成长的青少年往往更为健康，尤其在身体健康、心理健康以及社会适应能力等方面表现得尤为突出。相反，在不良家庭环境的影响下，青少年的身心健康发展会受到严重阻碍。这样的家庭氛围对青少年的情感与个性发展极为不利。一般来说，孩子性格内向、遇事胆怯、自卑感强，甚至有抑郁倾向，可能与家庭贫困有关；一些单亲家庭的孩子则可能面临心理问题，极少数孩子甚至无法正常学习和生活。由此可见，家庭环境对孩子的影响巨大。因此，家长必须高度重视青少年的身心健康成长。

在青少年身心成长的过程中，家长应努力为其营造和谐的家庭环境，这样能给青少年带来积极正面的影响。在这样的环境和氛围下，青少年能够以积极的心态愉快地投入到学习与生活中。倘若父母关系紧张，孩子在成长过程中就会不断出现诸多身心方面的健康问题。这些问题如果不能及时解决，就会越发严重。很多青少年的身心健康问题都是以往遗留下来的，只是现在表现得更为突出。对此，家长应从自身做起，维护好与孩子的关系，及时解决孩子出现的各种身心健康问题，为孩子的健康成长提供有力保障。

六、个人因素

青少年身心健康的成长，不仅受到外部因素的制约，个人内部因素也在其中扮演着关键角色。这些个体因素主要体现在个体心理与个人生活方式两个方面，它们共同塑造了青少年身心发展的轨迹与质量。

（一）个体心理

个体心理是影响青少年身心健康的重要因素，其影响主要体现在意识、认知和人格三个方面。

1. 意识

许多青少年在体育锻炼方面缺乏足够的意识，这制约了其身体健康的发展。部分学生几乎从未涉足任何体育活动，对锻炼必要性和重要性的认知匮乏。另一部分青少年虽然偶尔参与运动，但是由于运动能力相对薄弱，在锻炼过程中常感吃力，难以持之以恒。长此以往，缺乏规律性的体育锻炼将导致青少年体质下滑，免疫力降低，进而对其身体发育产生不良影响。锻炼意识的欠缺已成为青少年体质健康发展道路上的一大绊脚石。

2. 认知

个体对事件产生的情绪与行为反应并非直接源于事件本身，而是受到个体对事件的认知和态度的影响。当青少年面对相同的情境时，由于各自认知模式的差异，会展现出截然不同的情绪反馈和行为结果。例如，在面对学业压力时，一些青少年会选择积极面对，将压力转化为前进的动力，而另一些青少年则可能因持有负面认知，产生焦虑和逃避的行为。错误的认知模式不仅容易加剧情绪困扰，还会对行为产生消极影响，进而危及身心健康。因此，协助青少年构建科学合理的认知观念，是解决其情绪困扰和行为问题的核心所在。

3. 人格

人格特质是反映个体心理特征的关键指标，与青少年的身心健康紧密相连。研究表明，人的性格类型与身心疾病的发病率之间存在一定的关联性。例如，性格过于急躁、敏感或消极的青少年，更容易引发心理困扰和身体疾病；相反，性格开朗、心态平和的青少年，在面对压力时往往展现出更强的应对能力，其体质健康水平也相对较高。一些青少年由于人格特质上的不足，容易形成不良习惯，如拖延、懒惰等，这些习惯对其健康发展产生不利影响。因此，培养健康的人格特质对于青少年的全面发展具有重要的作用。

（二）个人生活方式

在当下的社会环境中，一些青少年养成了不良的生活方式，这对他们的体质健康构成了较大的威胁。这些不良生活方式主要包括吸烟、饮酒、无节制地使用网络、频繁食用垃圾食品以及作息时间不规律等。这些不良的生活方式对青少年的健康发展产生了严重的负面影响，需要予以高度重视。

七、社会因素

在当今时代背景下，部分人因缺乏社会规范的正确引导而出现行为偏差或养成不良生活习惯，这对他们的身心健康构成了严重威胁。对于青少年来说，他们正处于塑造人生观和价值观的关键时期，特别需要正确的指引。然而，由于现代社会生活环境的复杂性，青少年在确立价值观时容易陷入矛盾，感到迷茫和无助，从而失去方向。这种情况会对青少年的身心健康成长造成一定的负面影响。

随着现代社会的快速发展，社会竞争日益激烈，这对各行业的人才提出了更高的标准。在这样的竞争环境下，青少年面临着未来就业与发展的巨大压力，常常感到身心疲惫，缺乏安全感。长此以往，这可能会在一定程度上影响青少年的身心健康发展。

第三章　青少年体质健康教育与管理

第一节　青少年体质健康教育的目标与要求

一、青少年体质健康教育的目标

青少年是体质健康教育的核心关注点，所有健康教育活动的规划与执行都需紧密围绕青少年的特性和需求来展开。体质健康教育，作为一种专项教育形式，其核心内容包括传授健康知识、培育良好的卫生习惯以及优化生活环境，这些要素相互协同，共同作用于教育的整体成效。因此，在实施环节，任何一部分都至关重要，不容忽视。

学校是体质健康教育的主要阵地，其教育对象主要聚焦于青少年群体。在教育实践过程中，必须严格遵循计划性、目的性、组织性和评价性四大原则，以确保教育活动能够有条不紊地推进并取得预期效果。计划性要求教育活动开展前需进行深入的调研与周密的准备；目的性强调教育方向需清晰明确，且与青少年的实际需求紧密契合；组织性确保教育活动实施的科学性和系统性；评价性则通过及时的反馈与有效的评估来优化教育效果，进而不断完善教学内容与教学方法。

体质健康教育的目标通常可分为总体目标和具体目标两个方面。它们共同构成了青少年健康教育的核心框架，指导教育活动的开展，为青少年身心健康提供保障。

（一）总体目标

总体目标从宏观视角为青少年健康教育指明了发展方向，其核心在于全面提升青少年的健康素养与体能水平，为其未来的健康生活奠定坚实的基础。具体包括五个方面（见图3-1）。

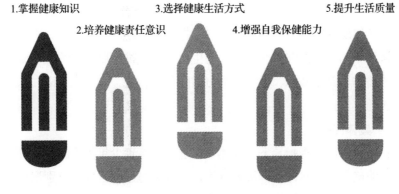

1.掌握健康知识　　　3.选择健康生活方式　　　5.提升生活质量

2.培养健康责任意识　　　4.增强自我保健能力

图 3-1　青少年体质健康教育的总体目标

1. 掌握健康知识

掌握健康知识是体质健康教育的重要目标，青少年需通过系统学习，全面把握健康领域的基础知识，涵盖营养科学、运动健康原理及卫生保健常识等。这些知识的积累有助于青少年深刻理解体质健康的价值，为实践健康行为奠定理论基础。

2. 培养健康责任意识

体质健康教育不仅侧重于知识的普及，还着重于激发青少年维护自身健康的责任意识。通过一系列教育活动，引导青少年认识到个人体质健康管理的重要性，逐步树立起积极主动的健康观念与养成良好的行为习惯，形成自我保健的责任感。

3. 选择健康生活方式

青少年在日常学习与生活实践中应积极采纳并坚持健康的生活模式和行为准则。这包括维持合理的作息安排、追求均衡的饮食结构、坚持适度的体育锻炼等。这种健康生活方式的选择，需要通过教育的积极引导，促使青少年自主判断与实践，从而全面提升其生活质量。

4. 增强自我保健能力

体质健康教育的另一项重要目标是培育青少年在自我保健和疾病预防方面的能力。这涵盖了对健康风险的辨识、采取预防性措施以及在疾病初现时能够有效应对的能力。此能力的提升，不仅关乎个体的健康状况，也对提升社会整体的公共卫生水平具有重要意义。

5. 提升生活质量

青少年体质健康教育的终极追求在于提升青少年的生活质量，确保他们在强健体魄的基础上，能够享受到更高的生活幸福质量与更长久的生命旅程。通过广泛传播体质健康知识，引导行为习惯的积极转变，青少年得以在未来拥有更加优质的生活体验。

（二）具体目标

在总体目标的宏观指导下，具体目标进一步将青少年体质健康教育的实施细节加以明确。这些具体目标被划分为近期目标与远期目标，分别聚焦于青少年的短期需求和长远发展进行规划（见图 3-2）。

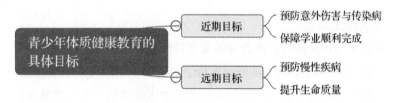

图 3-2　青少年体质健康教育的具体目标

1. 近期目标

近期目标的核心在于应对青少年当前遭遇的体质健康挑战，确保其日常生活与学习的平稳进行。

（1）预防意外伤害与传染病。意外伤害与传染性疾病构成了威胁青少年体质健康的主要风险因素。通过体质健康教育，可以帮助青少年掌握基础的安全防护知识与疾病防控技能，从而有效抵御外部环境的潜在威胁及传染源的侵害。例如，指导青少年在运动过程中采取必要的防护措施、注重个人卫生习惯的养成以及按时完成疫苗接种等，以减少不必要的健康损害，保障身心健康。

（2）保障学业顺利完成。鉴于青少年阶段的主要任务是学习，体质健康教育需特别关注其学业与健康之间的平衡。通过培养科学的学习习惯，如保持正确的学习姿势、合理安排休息时间以及高效管理时间等，确保青少年在保持身体健康的同时，能够顺利完成学业任务，实现学业与健康的双赢。

2. 远期目标

远期目标着眼于青少年未来的体质健康发展，旨在为其成年后的健康生活奠定长期基础。

（1）预防慢性疾病。慢性非传染性疾病，如高血压、糖尿病及部分恶性肿瘤等，往往与个体的生活方式及行为习惯紧密相连。通过体质健康教育的深入引导，促使青少年从早期阶段便开始关注这些潜在的健康威胁，积极培养健康的饮食习惯与运动模式，从源头上遏制慢性疾病的发病率上升势头。此举不仅能够延长青少年的生命年限，还能显著提升其生活质量，让健康成为他们人生旅途中的坚实后盾。

（2）提升生命质量。在未来的岁月中，体质健康教育的终极追求在于助力青少年在身体健康的基础上，进一步升华其生命品质。借助科学的体质健康管理策略与生活方式的不断优化，青少年将在成年后更加从容自信地应对职场挑战、家庭责任及社会生活，从而在人生的广阔舞台上实现更加深远且富有意义的价值追求。

二、青少年体质健康教育的要求

在将青少年体质健康教育的目标确定下来之后，就需要通过各种方式和途径来加以实施，从而实现最终的目标。具体来说，要做到以下六个方面的要求（见图3-3）。

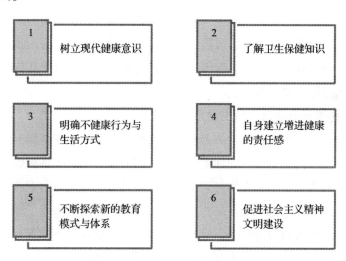

图3-3　青少年体质健康教育的要求

（一）树立现代健康意识

现代健康意识作为行为的先导，对于青少年树立现代健康认知观念具有重要的意义。这一健康意识要求青少年深刻认识到，健康绝非仅仅局限于身体的无疾病状态或体能上的强健，而是涵盖了生理机能的正常、心理素质的良好以及社会适应能力的全面提升。通过现代健康意识的培育，青少年将更加注重自身心理素质的锤炼与社会适应能力的增强，进而实现对健康内涵的全面而深刻的理解。

社会层面的决策也在一定程度上影响着青少年的健康状况。政策的规划与实施，如改善公共卫生设施、增加环境保护举措等，均对青少年体质健康教育产生积极的催化作用。这些政策的出台为青少年形成现代健康意识提供了更为优越的社会土壤，也促进了全社会对健康维护与疾病预防重视程度的提升。

（二）了解卫生保健知识

步入 21 世纪，人才已成为社会发展的核心驱动力。青少年应与时俱进，深入探索生命科学领域的广阔天地，了解生命科学的发展现状、展望未来趋势，并正视与之相关的伦理议题。这些内容的掌握，对于青少年洞悉现代健康问题的本质具有关键作用。

了解卫生保健知识构成了青少年体质健康教育的关键一环，其范畴广泛，囊括了用脑科学、用眼卫生、作息规律、运动习惯、饮食营养以及心理健康等多个维度。这些知识的汲取，有助于青少年在日常生活中逐步养成科学的卫生习惯。例如，遵循正确的用眼方式可以有效预防近视，而均衡的饮食结构则能显著降低肥胖及患慢性疾病的风险。通过系统性的教育引导与实践应用，青少年将不断提升自我保健能力，增强疾病预防意识，从而在维护并提升个人体质健康水平的道路上稳步前行。

（三）明确不健康行为与生活方式

很多青少年在界定自身生活方式与行为模式时往往存在认知上的模糊，难以准确区分自身生活与行为的优劣。例如，部分青少年可能将吸烟、酗酒及饮食不均衡等视为常态，而在体育运动与心理调适方面则显得力不从心。这种对健康行为与生活方式认知的不足，无疑对他们的体质健康构成了潜在威胁。因此，通过体质健康教育的深入实施，青少年需逐步增强对不健康行为与不良生活方式的辨识能力，从根本上改变这些有害习惯，从而最大限度地规避由此带来的健康风险。

（四）自身建立增进健康的责任感

青少年作为社会未来的中坚力量，拥有健康的体魄与积极的心态是其成长为杰出人才的根基。体质健康教育在于引导青少年深刻认识到，维护健康不仅是对自我福祉的提升，还是对社会发展做出的积极贡献。例如，通过积极参与体质健康促进活动并践行健康的生活方式，青少年不仅能够提升自身的体质健康水平，还能为社会的可持续发展注入源源不断的活力。

从个体层面而言，青少年对体质健康的关注能够激发其内在自信，进而提升学习与生活的效率；从社会层面来看，健康的青少年群体是社会和谐与进步不可或缺的坚固基石。因此，在体质健康教育的实施过程中，需着重培养青少年对健康维护的责任感，激励他们主动肩负起促进体质健康的使命，为自身的全面发展与社会的繁荣稳定贡献力量。

（五）不断探索新的教育模式与体系

体质健康教育的成效需依托科学的评价体系进行检验。这一体系涵盖了青少年所掌握的健康知识量、所养成的卫生习惯、生活方式的合理性以及体质状况的改善程度等多重维度。通过这些关键指标可以精准地衡量体质健康教育活动的实际效果，并据此进行针对性的优化与调整。

为了持续提升教育成效，需勇于探索并实践创新的教育模式。这包括但不限于：丰富教育内容，确保其与青少年的实际需求紧密相连；革新教学方法，如借助多媒体互动教学手段增强学习的参与感与趣味性；总结并推广成功的教育经验，以期整体提升教育水平。与此同时，应致力于构建具有鲜明中国特色的青少年体质健康教育体系，将体质健康教育与社会发展深度融合，为全面提升国民健康素养贡献力量。

（六）促进社会主义精神文明建设

社会主义精神文明建设的任务涵盖诸多方面，其中一项重要使命便是提升全民族的科学文化素养，倡导文明健康、科学合理的生活方式，同时摒弃社会风俗习惯中残留的愚昧与落后元素。[①] 这一使命与青少年体质健康教育的推进息息相关。积极开展青少年体质健康教育活动，不仅能够为青少年的健康成长保驾护航，还能在更深层次上为推动社会主义精神文明建设的蓬勃发展注入强劲动力。

综上所述，青少年体质健康教育的推行，需在清晰目标的引领下，全面满足多元化的需求。从树立现代健康意识到了解卫生保健知识，从明确不健康行为与生活方式到自身建立增进健康的责任感，再到不断探索新的教育模式与体系等，这些共同织就了教育的核心经纬。凭借科学且全面的教育举措，不仅能

---

① 毛亚杰. 大学生健康教育 [M]. 北京：北京理工大学出版社，2014.

够助力青少年个体的茁壮成长，还能为社会文明的和谐演进与蓬勃发展注入不竭的动力源泉。青少年作为社会未来的中流砥柱，其健康教育的良好成果直接映射出社会持续发展与进步的广阔前景。

第二节　青少年体质健康教育的原则与方法

一、青少年体质健康教育的原则

体质健康教育本身就蕴含着体质、健康与教育三大要素，凸显了其综合性和复杂性的特质。为了更为深入地剖析和理解青少年体质健康教育，可以将其视为一项庞大的系统工程，而对其进行的每一项探索与分析都是对这一具有深远意义的系统工程的深刻解读。在此过程中，科学性、系统性、知识性和专业性必须得到充分彰显。

关于青少年体质健康教育，青少年的积极参与至关重要，他们需要充分发挥自身的主观能动性，且要在科学方法与正确态度的指引下，遵循学校教育的基本原则以及体质健康教育的独特规律，这样才能确保最终取得的教育成果是令人满意的。

具体来说，在开展青少年体质健康教育的过程中，需要遵循六个原则（见图 3-4）。

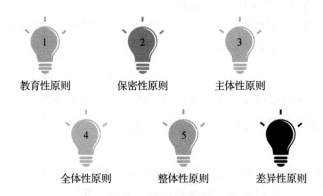

图 3-4　青少年体质健康教育的原则

（一）教育性原则

教育性原则，即通过教育的途径积极引领青少年体质健康教育活动的有序开展，并对青少年进行精神层面的指引，培养他们积极进取的精神风貌，同时为其构建正确的世界观、人生观、价值观方面提供有力支持。

在践行青少年体质健康教育的过程中，坚守教育性原则，首要任务是确立马克思主义为指导思想。与此同时，还需紧密结合中国的实际情况与中华民族的文化底蕴，并有针对性地借鉴与运用西方国家在体质健康教育方面的优质理论、观点及技术方法。将这些要素有机融合，方能有望实现理想的教育成效。此外，应着重强调正面的启发教育与积极引导，激励青少年投身体育运动锻炼之中。

青少年的体质健康不仅在学习过程中凸显问题，而且在日常生活与社会交往中同样会面临各式各样的挑战，且这些挑战所带来的影响也是多元化的。因此，教育者需在客观分析的基础上明辨是非，帮助青少年树立正确的观念，调整看待问题的方法，并为他们提供解决问题的策略与建议，促使青少年能够迅速通过多样化的途径进行有效锻炼并提升自身的体质健康水平。

（二）保密性原则

保密性原则强调教育者必须对青少年体质健康教育过程中的所有相关信息严格保密，确保青少年的个人隐私与名誉得到充分维护及保障。

青少年的体质健康状况往往对其自尊心产生深远影响。他们普遍敏感地认为，体质不佳或健康水平不高会让自己低人一等，因此，面对体质健康问题，他们往往倾向于私下寻求解决之道，如自行就医或采取其他隐蔽途径，但这些做法往往难以取得理想效果，甚至可能引发意外。对此，教育者承担着保密的责任与义务，必须对所有相关信息严格保密，不得泄露青少年的姓名等，拒绝任何针对其的调查，并尊重其合理要求。

事实上，保密性原则是促使青少年更客观地认识体质健康教育并乐于接受这一教育的重要原则，是鼓励他们畅所欲言、建立相互信任的重要基础，更彰显了对青少年隐私权的最大尊重。

在推进青少年体质健康教育的进程中，切实保障青少年的隐私与信息安全至关重要。教育者在实际操作中需时刻保持审慎态度，坚定不移地遵循保密性原则，并根据实际情况做出合理且必要的调整。为确保这一过程的顺畅与高效，以下三点需特别予以重视：

第一，在与外界交流或日常闲谈中，教育者应避免将青少年的个人信息或相关资料作为谈资。例如，不应轻率地泄露他们的姓名、家庭背景、健康状况等敏感信息。在非正式场合讨论教育实例，可能会给青少年带来不必要的尴尬或负面影响，严重时甚至可能破坏彼此间的信任关系。为有效规避此类情况，教育者在进行交流时务必保持高度的警觉性，在确有必要阐述某些现象或分享心得时，应采用概括性的表述方式，避免涉及具体个人，以确保青少年的隐私得到妥善保护。

第二，教育工作者应当通过恰当的方式展现其专业能力，而非借由披露青少年的隐私来加以证明。若为了彰显个人经验而在公众场合引用青少年的真实经历作为例证，无论主观意图如何，都可能对青少年构成潜在的不利影响。此举不仅会扰乱他们的日常生活与学习节奏，还可能使他们感觉不被尊重或被当作闲聊的话题。在教育实践中，必须始终将青少年的福祉置于首位，通过科学的方法和专业化的途径来呈现教育成果，而非依赖于具体个案的公开分享。

第三，教育过程中形成的个人笔记及资料必须得到严密的保管。无论是文字记载、音频记录还是视频资料，都应严格限定于专业研究与反思的范畴之内，不得随意向外界展示或任由他人查阅。这些记录可能详尽地反映了青少年的身体或心理状态，甚至涉及其家庭背景及社交环境。若缺乏严密的安全防护，一旦资料外泄或被不当使用，将对青少年造成深远的负面影响。

当然，保密性原则并非一成不变的铁律，在某些特定情境下，适度的信息披露可能成为必要措施。例如，为了促进学术研究的深化，可以在对数据进行匿名化处理之后加以利用；在极端情况下，为了维护求助青少年及其周围人员的合法权益，可能需要向相关机构或专业人士透露一定程度的信息。然而，在任何情况下，都必须确保青少年的合法权益不受侵害。对于可能引发争议或触及道德底线的情形，应预先制定周密的应对策略，明确信息披露的范围与方式，并严格遵循相关法律法规与伦理准则进行操作。

（三）主体性原则

主体性原则是体质健康教育的重要指导原则，强调青少年在教育中的重要地位。教育的设计和实施需以青少年的实际需求和发展特点为基础，通过科学的引导与支持，帮助其主动参与各类健康教育活动，培养自我管理能力，从而达到提升体质健康水平的目标。

在青少年体质健康教育过程中，一定要将青少年的主体地位体现出来，具体要求如下：

1. 尊重青少年的主体地位

在推进体质健康教育的进程中，首要之务是确保青少年的主体地位得到应有的尊重。教育者需深刻认识到，青少年不仅是教育的接受者，还是积极的参与者和决策者，而非仅仅是被动的听众。因此，关键在于如何激发青少年在体质健康教育中的主观能动性。例如，可以构建开放且包容的学习环境，鼓励青少年根据自己的兴趣和需求自由选择适合的运动方式，并为他们提供必要的支持和协助。这样不仅能点燃青少年的参与热情，还能助力他们逐步建立起自我指导和自我管理的能力。通过激励和引导，赋予青少年在教育活动中更多的主动权，有助于他们在实践中培养出自我认知、自觉性和自助能力。在教师的悉心指导下，青少年可以制订个性化的锻炼计划，并通过不断地调整和优化来实现自己的健康目标。这种自主性的教育方式，不仅能强化青少年的责任感，还能提升他们解决问题的能力。

2. 围绕青少年需求开展教育

体质健康教育的所有工作与活动均应以青少年的需求为轴心展开。教育者在设计教学内容及组织活动时，必须全面深入了解青少年的实际情况，涵盖他们的身体健康状态、心理发展特征以及日常生活习惯等方面。唯有深入剖析这些信息，才能制订出更加贴近青少年实际的教育方案，进而更有效地助力他们提升体质健康水平。在实际操作中，应针对不同青少年群体的具体需求进行分类指导。例如，对于久坐不动、运动量不足的青少年，可以设计一系列趣味性浓厚的活动，以激发他们的运动兴趣，而对于身体素质相对较弱的青少年，则需提供更加温和适宜的运动方案，并在活动中配备专业的安全指导。这种因人而异的教育模式，能够更好地应对青少年群体中存在的普遍性健康问题，并助力他们逐步增强体质。

（四）全体性原则

全体性原则强调青少年体质健康教育的受众范围应覆盖所有青少年，而非仅限于个别或某部分青少年。学校所构建的健康设施、规划、组织活动均需以全体青少年的全面发展为出发点。在挖掘体质健康问题时应重点关注绝大多数青少年的共同需求及普遍存在的问题，将提升绝大多数乃至全体青少年的体质健康水平和身体素质作为青少年体质健康教育的基本立足点和最终追求。

确立并强调面向全体青少年的体质健康教育原则，与当前青少年体质健康教育的使命、客观环境以及学生实际面临的问题和需求紧密相连。提升全体青少年的体质健康水平和身体素质是青少年体质健康教育的核心任务和工作重心，要实现这一目标，首要前提是将全体青少年纳入服务对象范畴，唯有如此，教育目标的实现才具备可能性。此外，全体性原则还蕴含着另一层含义，即青少年中存在的体质健康问题具有普遍性，其健康需求也呈现出共同性，因此，体质健康教育应遵循全体性原则。当然，在实际操作中，还需根据具体情况灵活应对，以确保体质健康教育的功效得到最大程度的发挥。

在推进青少年体质健康教育的过程中，全体性原则占据着举足轻重的地位。该原则着重指出，任何教育措施都应全面覆盖青少年群体，并致力于满足他们的共同需求以及多样化的成长需求。要将这一原则切实落到实处，需关注以下三个具体方面：

第一，体质健康教育的核心宗旨在于促进整个青少年群体的全面发展与进步。在设计和规划所有项目及活动时，评估基准应聚焦于是否有利于青少年的整体成长。相关部门或机构在制定教育任务时，应将广大青少年的利益置于首位，而非仅仅聚焦少数个体。唯有如此，方能确保每位青少年都能从中获得益处，进而真正实现青少年体质健康水平提升。某些体育活动若设置得过于艰难或专业化，可能仅能吸引极少数具备特殊身体素质的学生。通过合理设置难度层次或依托兴趣引导，使各层次的学生均能积极参与其中，才能更有效地强化群体性的健康效果。

第二，需对青少年普遍存在的体质健康问题有充分的认识，并准确把握他们在健康方面的核心需求。深入了解青少年的日常生活习惯、常见的锻炼障碍以及对体育运动的偏好等关键信息，将有助于教育者更加精准地开展工作。许多青少年可能因课业负担沉重或时间安排不当，导致锻炼不足。而有些青少年则因缺乏科学的指导或运动场地设施不足，难以养成良好的运动习惯。通过问卷调研、深度访谈或数据采集等多种方式，教育者能更全面地掌握整体状况，为后续的教育设计提供坚实的数据支撑和科学依据。

第三，青少年群体内部存在着一定的差异性，这包括身体状况、兴趣偏好乃至心理素质等多方面。因此，在实施体质健康教育时，需确保对所有青少年秉持公平原则，为更多人创造有利条件，使他们能够参与到丰富多样的活动中来。场地与设备的配置应尽可能满足多层次的需求。例如，设置针对不同年龄段或不同身体素质水平的专门区域，提供多种形式的锻炼项目。这样的安排有助于体质较弱的青少年逐步建立自信，同时为那些已具备一定运动基础的人提供更高层次的挑战。通过这种差异化、分层次的策略，确保更多人有机会找到适合自己的运动方式。

（五）整体性原则

整体性原则是指在青少年体质健康教育的过程中，需运用系统论的观点来指导青少年体质教育工作。在这一过程中，必须重视体育活动的内在联系和整体性，对青少年的体质健康问题进行全面审视和系统分析，从而有效避免或克服教育工作中的片面性。

从社会价值取向的视角来看，整体性原则着重关注青少年在德、智、体、美各方面的全面发展；从青少年自我完善的需求层面出发，整体性原则聚焦于青少年在知识、情感、意志、行为等方面的协调发展；从系统的观点来审视，体质健康教育所面向的是青少年这一完整且生动的群体，而人的身体素质本身也是由多个部分构成的有机整体。因此，这就要求在开展青少年体质健康教育工作时，应从青少年个体体质的完整性和统一性、个体身心因素与外部环境的相互制约性和协调性等综合角度出发，全面深入地把握和分析青少年体质健康问题的成因，并据此采取相应的教育与辅导策略。青少年体质健康教育的终极目标是实现青少年身体素质的整体性增强。

因此，在推进大学生体质健康教育的进程中，应充分彰显整体性原则的重要性。唯有通过多维度的考量与全方位的协调配合，方能真正为大学生提供更为全面且系统的健康保障。以下三点要求将助力教育者更为有效地践行整体性原则：

第一，从整体视角出发，综合多种因素对大学生体质健康问题进行深入分析。可以从宏观和微观两个层面展开，宏观层面包括社会环境、家庭背景、学校制度等外部因素，微观层面则关注个人行为习惯、心理状态以及身体机能状况。多元化的分析方法能够使教育者更全面地理解大学生在体质健康方面面临的困难与挑战，并据此制定更加精准的干预策略。

第二，通过积极且具有针对性的教育引导，协助大学生树立起全面发展的观念。身体素质与心理素质并非孤立存在，而是相互关联、共同作用于个人的成长历程。教育活动应以全局思维为基石，将身体健康与心理健康同步纳入关注范围。例如，在规划体育课程时，可以巧妙融入精神状态调节的相关内容，使大学生在进行体能训练的同时，也能学会情绪管理和压力释放的技巧。如此，身体与心理两方面的素养均能得到同步提升，从而实现健康水平的整体跃升。

第三，针对大学生体质健康的辅导方式，应采取综合化的模式，而非局限于某一种单一的方法。通过运用多种技术和渠道，惠及更广泛的学生群体。将课堂讲解与实践活动有机结合，使学生在掌握健康理论知识的同时，积极投身实际的训练当中；面对面辅导与线上指导的并行实施，可以兼顾不同学生在时间和空间上的个性化需求。此外，学校还可以与社会机构或医疗单位开展合作，丰富辅导的形式，增强教育效果的持久性和多样性。通过综合化的辅导模式，学生能够更加灵活地选择适合自己的健康管理方式，并在多元化的环境中逐步培养起自我调适与维护健康的意识。

（六）差异性原则

差异性原则强调，在青少年体质健康教育中，必须将青少年的个体差异作为核心关注点，应开展形式多样且针对性强的体质健康教育活动，以此来提升青少年的体质健康水平。人与人之间本就存在差异，青少年群体亦然。从先天遗传到后天的环境变化和生活经历，青少年在基础身体条件、体能水平等诸多方面均展现出各自的特点，与其他个体间存在着差异。青少年体质健康教育的目标并非是消除这些特点与差异；相反，它旨在通过最为适宜的方式充分展现青少年之间的差异性与独特性。

在青少年体质健康教育过程中，要将青少年个体之间的差异性与特点充分体现出来，具体要求如下：

第一，全面而深入地了解青少年在年龄层次、性别特征、学业成就以及心理与思想层面的多元差异。通过细致观察和广泛收集各类相关信息，更精确地掌握他们在身体机能、情感诉求及认知能力上的差异。这一系列的预备工作将为教育者在策划与实施活动时提供有力的依据，从而更加精准地满足每一位青少年的个性化需求。

第二，针对不同类型的青少年，采取灵活多变的教学方法与策略显得尤为关键。在规划具体教学方案时，教师或辅导人员需紧密结合青少年的年龄层次、个性特质及兴趣偏好，巧妙运用多样化的体质健康教育手段。例如，对于年龄较小的青少年群体，可以通过富有游戏性、互动性的方式激发他们的运动兴趣与乐趣；对于年龄稍长、思维更为成熟的青少年，则可采取理论讲解与自主实践相融合的模式，引导他们通过深思熟虑与实践探索来提升健康素养。此外，还需在教育内容的选取与教育时长的安排上做出合理调整，确保每个青少年都能在适宜且可接受的范围内获得实质性的收获。

第三，开展个案研究以提升体质健康教育的质量。通过对个体案例的持续追踪与深入分析，积累大量翔实的数据与宝贵的实践经验，从而为后续的评估与改进工作奠定基础。这一过程不仅聚焦于青少年体质健康发展的动态观察，还需细致入微地关注其心理状态的变迁与行为模式的调整，将每位青少年的成长轨迹详尽记录，并结合体质健康教育的核心理论进行剖析，从而提炼出更为精准且高效的干预策略，在相似情境中提供有益的参考与借鉴。举例来说，对于在运动项目中展现出明显弱项的青少年，其背后往往伴随着心理层面的挑战，教育者可以通过深度访谈或周期性的评估，精准识别问题根源，从而为其量身打造更具个性化的指导计划。

二、青少年体质健康教育的方法

青少年体质健康教育的实施，仅凭原则性的指导是不足以达到理想成效的，还需采取与之相匹配且适宜的方法。这些方法丰富多样，深入了解和认识各种方法的特性与优势，然后更加精准地选择并合理运用它们，以确保教育活动的有效性与针对性。具体来说，青少年体质健康教育的方法主要有六种（见图 3-5）。

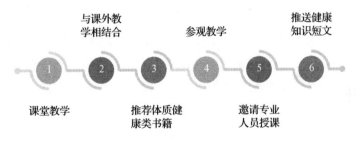

图 3-5 青少年体质健康教育的方法

（一）课堂教学

对于青少年而言，课堂教学是最为常用的教育方法，青少年体质健康教育同样不例外。课堂教学方法的构建，主要基于青少年自身特点、学校条件及环境状况等多方面实际情况的综合考量，这些因素共同构成了课堂教学设计的依据。这不仅对具体教学内容的选定、教学时间的规划起到了积极的导向作用，还有助于教学的合理安排，促使教学课程体系达到最为合理与优化的状态。

青少年体质健康教育，并不仅限于向青少年传授体质健康理论知识与技能，还蕴含着对体质健康教育的持续革新与完善。可以说，课堂教学的最终目标是在体质健康教学内容的教授过程中不断推进改革，勇于创新，并将体质健康教育知识应用于实践，从而构建起最为优化的体质健康教育教学内容体系。

规划的青少年体质健康教育理论课程的教学通常会占用体育课程的时间。在天气晴朗的情况下，体育教学可以在户外操场进行，而遭遇大风、雨雪等恶劣天气时，则会转为室内课程，将理论教学与室内小游戏、棋类活动等相结合，实现动静相宜、合理搭配的教学效果。为了丰富教学手段，可以借助现代化教学工具，将教学内容精心制作成多媒体课件。通过多媒体教学，原本枯燥乏味的理论教学得以转化为生动直观、易于理解的音像教学，从而有效激发青少年的学习兴趣，达成健康教育的目标。要实现教学行为的有效与课堂的高效，关键在于通过创设情境巧妙引入课题，进而进入教学的核心环节——学习活动。

（二）与课外教学相结合

尽管课堂教学是青少年体质健康教育的核心方法，但是它绝非唯一途径。单一依赖课堂教学，难以达到理想的青少年体质健康教育效果。因此，需要借助其他方法来辅助课堂教学，课外教学便是其中的优选之一。

组织课外的体育锻炼活动、主题班会讨论、文艺表演、社区与社会实践活动等多种形式，或者利用卫生检查、黑板报、学习园地等宣传手段与平台，不仅能有效地实施健康教育，还能让青少年在生动、活泼、有趣的氛围中更容易接受健康教育知识，实现课堂教学、课堂讨论与知识传授的有机结合。同时，这些活动也充分体现了理论与实践相结合、课内与课外相结合的原则，丰富了课外体质健康教育活动的形式与内容。在此过程中，教师的讲授与学生的讨论相互融合，青少年之间的交流与合作、探讨与研究也得以加强，促使越来越多的青少年主动接受并参与到青少年体质健康教育的课内与课外相结合的教学过程中来。

以下以小组协作的形式为例，对主要教学环节进行梳理和阐述，并对其背后的思路进行适当延伸和拓展，以期为相关教学活动提供参考。

1. 分组与小组长确定

在学期开始时，教师会根据课程教学大纲和既定的学期教学目标对各班学生进行分组安排。在分组过程中，会综合考虑学生的性格特点、体能状况及个人兴趣，确保小组成员间能取长补短。随后，每组学生通过讨论，自主推选出小组长，这一环节可通过投票或协商的方式完成。被推选的小组长将承担起统筹组内各项工作的责任，引领成员共同完成教师布置的阶段性任务，并负责协调各项分工。

2. 课题分配与课前准备

小组成立后，各班级的所有小组长会再次集结，通过自选课题或抽签等方式，获取本学期各自需要完成的课题内容。鉴于每个课题在性质、难度及预期目标上的多样性，分配时应兼顾学生的兴趣和挑战性，确保不同兴趣和水平的学生都能找到适合自己的课题。抽签结束后，教师会清晰地向每位小组长通报其负责课题的大致授课时间，并提醒他们在规定日期前完成对课题的深入探索与研究。针对所分配的课题，小组内部将围绕重难点解析、教学目标设定、相关知识关联及趣味补充等方面展开讨论与分析。为了方便其他同学随时了解任务进展和核心内容，可以将《健康教育专题课题探究任务单》张贴于教室的公示板或墙面上。

3. 课堂讲解与知识呈现

当进入正式的课堂教学阶段时，教师会邀请小组代表对本堂课的核心内容进行约 15 分钟的阐述与说明。这位代表可以是小组长指定的，也可以是小组成员内部推选出来的。在讲解的过程中，其他组员可以适时地提供补充信息或实例，以帮助全班同学更加深入地理解课题的关键要素。这一过程犹如一次集体的汇报展示，通过团队成员之间的默契配合，将一个知识主题拆解得更加细致入微，既减轻了单一讲解者的压力，又让学生亲身感受到小组合作所带来的成效。小组展示结束后，教师会对他们的陈述进行总结与点评，肯定其中的精彩之处，并及时指出存在的不足或偏差。针对课题中的重点和难点知识，教师会再次进行强调或补充讲解，以确保全体学生都能准确把握核心要领。

4. 课后跟进与青少年学习情况监督

下课后，小组长仍需肩负起课外跟进的职责。首先，布置与本节课紧密相关的作业或实践任务，鼓励大家在课后持续深化对所学内容的理解与掌握。其次，小组长需密切关注同学们在完成作业过程中的实际情况，包括对概念的理解程度、应用技能的实践成效以及在进行运动或健康锻炼时遇到的挑战。对于遇到难题的学生，小组长可以联合其他组员，及时给予辅导或分享个人经验。最后，小组长将汇总收集到的信息反馈给教师，以便教师全面评估整体教学效果，并对后续的教学目标进行必要的微调或改进。

5. 复习与问题解答机制

当进入考试或复习阶段时，部分学生可能会遗忘之前课题的部分内容，或是对已学知识产生疑惑。此时，利用之前张贴在教室公示板或墙面上的信息成为一种既高效又便捷的方法。学生可以对照《健康教育专题课题探究任务单》进行快速复习，若遇到难以独立解决的问题，可以联系负责该课题的小组成员或教师，寻求专业的解答与帮助。

通过采用上述课内与课外相结合的教学方式，在教师的引导下，青少年会逐渐展现出主动承担责任、积极参与小组合作与讨论探究的意愿。这对于提升青少年收集和处理资料信息的能力，以及激发他们积极学习的兴趣，具有极为重要的意义。同时，这种教学方式对青少年学会分析和解决问题、树立合作交流的团队意识以及培养积极主动的学习态度也提供了极大的助益。

（三）推荐体质健康类书籍

当前，人们的健康意识已经显著增强，对了解健康知识和提升健康水平有着越发迫切的需求。鉴于此，推荐健康类书籍成为满足人们这一需求的重要途径。然而，健康类书籍种类繁多，这就要求人们必须学会选择，不能盲目购买和阅读，而应在众多书籍中挑选出那些科学性、系统性、实用性及前瞻性都较为突出的权威之作。通过阅读健康类书籍，人们能够获取更多科学、准确的健康知识，从而树立正确的健康观念与意识。

在青少年的体质健康教育过程中，教育者可以向学生推荐一些与体质健康紧密相关、兼具科学性和合理性的书籍，并鼓励学生积极阅读和学习。通过阅读这些书籍，青少年能够掌握更多的体质健康知识，并将其应用于日常生活和学习中。丰富的体质健康知识储备有助于青少年更好地追求体质健康，保护自身体质健康，并树立正确的体质健康观念与理念。

（四）参观教学

参观教学实际上是在特定场所，借助直观的展示手段，引导青少年进行实地访问、细致观察和深入调查，以此来获取知识或验证所学，从而达到与课堂教学有效结合的目的。

通过参观教学，青少年不仅能够巩固课堂教学中传授的体质健康理论知识，还能亲身实践并获取最新的前沿知识。具体的参观形式应根据教学内容的不同而灵活选择，常见的形式包括感知性参观、并行性参观、验证性参观以及总结性参观等。

在青少年体质健康教育的实施过程中，采用参观教学法需遵循以下要求和步骤：

第一，需充分准备参观事宜。这包括对参观单位的基本情况进行深入了解，并明确参观的具体场所和制订详细的参观计划。

第二，参观过程中需全程关注。需对参观对象有充分的认识，并掌握相关信息，以确保参观活动能够有序、有组织地进行。

第三，参观结束后需做好总结工作。这包括撰写参观总结报告，指导青少年完成参观报告的汇报，并检查参观计划的执行情况。

从青少年体育教学的整体来看，参观教学虽仅为其中的一个辅助环节，而非主要教学方法，但它扮演着重要角色。具体而言，课堂教学主要是理论知识的传授，而参观教学则能使学生将理论知识与实际相联系，从而加深理解和记忆。[1] 参观教学不仅有助于提升青少年的学习热情和兴趣，还能激发他们的求知欲，为日后顺利进行体质健康教育活动打下坚实的基础。

（五）邀请专业人员授课

体质健康教育是一项复杂且系统的工程，其涵盖的学科知识广泛而多样，包括生物学、解剖学、保健学、营养学、环境科学以及运动学等多个领域。这些不同学科在体质健康教育中的研究侧重点各不相同。因此，为了有效推进青少年体质健康教育工作，必须深入了解和熟练掌握这些相关的学科知识。在青少年体质健康教育的实施过程中，邀请专业人员来进行授课主要是基于以下三点：

第一，专业人员接受过系统的专业知识传授和培训，他们在知识信息的掌握上更加精确。这种专业性对于指导青少年体质健康教育活动的开展具有极其重要的意义。

第二，各类专业人员在工作中会接触大量的实际病例，这些实践经验为他们的理论知识讲授提供了生动的实例支撑，使得教学过程更为形象、全面且富有活力。这不仅对青少年体质健康教育知识的传授和技能的学习起到了积极的推动作用，还能帮助青少年了解如何更有效地预防疾病，从而形成良好的生活方式。

第三，学校是青少年体质健康教育的核心阵地，通过邀请专业人员来校进行体质健康相关的授课或举办讲座，能够搭建起一个优质的交流平台，促进教

---

[1] 马翠珍.中学健康教育专题现状调查及教学途径的对策研究 [D].西安：陕西师范大学，2012.

师与青少年之间、各专业领域之间的深入交流。这不仅有助于构建更为完善、全面的青少年体质健康知识体系，还能显著提升青少年体质健康教育专题教学的质量，为青少年体质健康教育专题的持续发展奠定坚实的基础。

综上所述，学校应积极采取行动，主动邀请社会上专注体质健康教育的单位或个人到校进行体质健康知识的讲解，并定期或不定期地组织专门针对教师的相关讲座，以提升教师的专业素养，确保其知识体系更加全面。同时，这些举措能够让青少年在轻松愉悦的氛围中掌握健康文化知识，紧跟健康领域的发展前沿，了解常见疾病的预防知识。这样一来，青少年便能及时且准确地获取正确的健康信息，积极参与社会的健康实践活动。学校也应充分调动一切可用资源和力量，共同推动青少年体质健康教育事业的蓬勃发展。

（六）推送健康知识短文

在信息化时代，信息的接收方式已从依靠传统的电视、书籍、报纸、杂志等媒介逐步转向更为虚拟且高科技的途径，如手机和电脑。人们通过手机上网浏览最新资讯，利用网络寻求解决问题的方案，甚至通过在线课程进行自我学习与提升。

在推进青少年体质健康教育的进程中，网络平台凭借传播速度快、覆盖群体广等优势，日益凸显其重要性，并受到越来越多的重视。同时，网络平台在提升青少年体质健康水平方面所发挥的积极作用也不容小觑。例如，利用微信公众号等定期向青少年推送健康知识短文便是一种有效策略。推送这些传播迅速且便捷、阅读简单且内容精练、重点突出的健康知识短文，为青少年提供了极为便利的健康教育干预手段。[①]

第三节　青少年体质健康管理的模式与程序

一、青少年体质健康管理的模式

青少年体质健康管理的模式至少应该包括四个方面的内容，即计划、组织、监控和评价（见图3-6）。

---

① 谢超杰.大学生健康管理服务体系的构建及初步实践 [D].广州：华南理工大学，2018.

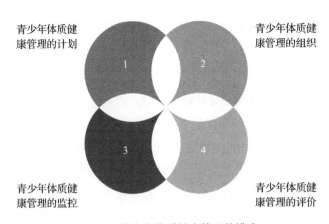

青少年体质健康管理的计划

青少年体质健康管理的组织

青少年体质健康管理的监控

青少年体质健康管理的评价

图3-6 青少年体质健康管理的模式

（一）青少年体质健康管理的计划

1. 制定并实施科学高效的管理制度

为确保青少年体质健康促进工作的有效开展，必须构建一套科学合理的管理制度。《中华人民共和国体育法》作为体育领域的重要法律基石，为体育相关工作的开展提供了坚实的法律支撑。近年来，党中央、国务院对青少年体质健康问题给予了高度重视，相继发布了一系列指导性文件，为学校体育教育的推进明确了方向。然而，由于升学压力和成果导向的影响，部分基层学校对体育教育和学生体质健康的重视程度不高，对相关政策文件往往视而不见或敷衍了事，加之监管部门的监管力度不足，导致部分学校上报的体质健康测试数据与实际情况存在较大差距，形成了"重形式、轻实效"的现象。

要实现体育教育与体质健康教育的深度融合，关键在于将国家的相关政策和法律规定真正落到实处。一方面，教育主管部门需加大监督执行力度；另一方面，学校也应树立正确的体育教育观念，科学评估体育教育的重要性，力求实现体育教育与体质健康教育的有机结合。在制定体质健康管理制度时，应重点关注两点：一是将体质健康纳入学校的人才培养体系，以适应社会发展的需求，培养出更加优秀且多元化的人才；二是鼓励青少年根据自己的兴趣和需求选择适合的体育锻炼项目，为他们提供广阔的锻炼空间和轻松愉悦的氛围，通过充分的锻炼促进青少年拥有健康的体质。

2. 构建课内外一体化的教学模式

青少年的全面发展离不开强健的体魄，体育教育在促进其身心健康发展中扮演着至关重要的角色。然而，受限于资金、场地、时间等因素，仅凭体育课难以充分保障青少年的体质健康。因此，需要充分利用课外体育活动的潜力，将课堂教学与课外活动紧密结合，构建一种课内外互动、相辅相成的一体化教学模式。这样的教学模式旨在更科学、合理地推进青少年的体育锻炼，确保他们在学习与生活中都能得到充分的锻炼机会。

3. 制订并实施个体化健康促进方案

正如世界上没有两片完全相同的树叶，学生的体质也各不相同。因此，在实施体质健康管理时，除了要关注大多数学生的普遍需求，还要兼顾学生的个性化需求。学校体育教学内容丰富多样，应根据学生体质水平的差异，量身定制不同的教学内容，以确保每位学生都能获得适合自己的发展，从而实现更加良好的成长与进步。

（二）青少年体质健康管理的组织

1. 确定学校的主导功能

在青少年体质健康管理中，构建优质、促进学生健康发展的支持性环境至关重要。学校、家庭与社会构成了支持性环境的三大支柱，其中学校的作用尤为关键。学校主要通过以下四项措施来发挥主导作用：一是学校致力于向学生广泛普及体质健康知识，潜移默化地引导学生树立正确的健康观念，并培养良好的健康生活习惯。二是学校充分利用现有的体育资源，并积极挖掘潜在的优质资源，为学生提供更优越的课外活动条件。对于学生自发组织的体育社团或体育俱乐部，学校应给予适当的支持与充分的认可。三是学校的体育教师需秉持终身学习的理念，通过参与教学培训不断提升自身的专业素养和教学能力。四是教师应充分发挥其创造力和智慧，开发新的体育项目，而学校也应对表现突出的教师给予奖励。[①]

2. 发挥家庭和社会的作用

青少年的体质健康发展虽与学校教育紧密相连，但同样离不开家庭和社会的鼎力支持与密切协作。唯有将家庭、学校与社会三者紧密融合，方能为青少年打造全方位、健康的成长环境，进而更有效地助推其身心全面发展。家庭作为青少年成长历程中的关键一环，对其健康生活方式的培养具有深远影响。一方面，家长需在日常生活中树立榜样，注重自身健康习惯的养成，并营造积极向上的家庭氛围。例如，合理规划饮食，增加家庭成员共同参与体育锻炼的时

---

① 宋浩.新时期大学生体质健康科学管理研究[M].北京：中国书籍出版社，2019：53.

间，鼓励青少年投身体力活动，远离久坐不动的生活方式。同时，家长还需密切关注孩子的身体状况，定期进行健康检查，并给予必要的心理慰藉，引导他们树立正确的健康观念。另一方面，社会作为青少年成长不可或缺的外部环境，在体质健康教育中同样扮演着重要角色。社区可依托组织多样化的体育活动、健康讲座或公益健身指导等形式，为青少年提供更多践行健康生活方式的机会。此外，社会应高度重视公共体育设施的建设与优化，通过提供便捷、优质的体育资源，进一步激发青少年参与体育活动的热情与兴趣。

（三）青少年体质健康管理的监控

1. 进一步完善青少年体质健康监控制度

青少年体质健康管理系统规模庞大且错综复杂，因此需要对其进行充分而合理的监控，以在很大程度上保障相关工作的有序推进。至于青少年体质健康监控制度的进一步完善，则应当从以下四个方面入手：

（1）构建对学校体育与课程教学全过程的监控制度。应当对学校体育教学的各个环节，尤其是体育与健康课程进行全程监控，明确其在体质健康促进方面所承担的目标与职责，并对课程的落实情况进行持续考察与跟进。这样能够确保学校体育教育始终围绕提升青少年体质健康水平这一核心方向稳步推进。

（2）形成更加科学、合理的体育课程考核指标体系。青少年学生在体育与健康课程中的成绩评价，不能只停留在运动技能层面，而应更加注重学生的体质和健康水平。将体质测试成绩纳入学生整体评价体系，可以帮助学生全面了解自身的健康状况，并在体育教师的指导下制订并落实体质健康促进方案，从而进一步提升体育与健康课程的教学效果和学生的体质健康水平。

（3）注重青少年体质健康数据的合理使用。定期开展青少年体质健康测试，既能对学生的体质健康状况进行常规化监督与检查，也可为后续的科学干预提供依据。需要强调的是，测试本身并非终点，而是促进学生健康发展的起点，各学校应根据体质监测结果制定并实施恰当的干预策略。

（4）建立常态化的联合巡查制度。教育、体育和卫生等部门宜联合组建专家巡查小组，对各单位执行政策、落实规定的情况开展常态化巡查，重点监督各学校在执行《国家学生体质健康标准（2014年修订）》时，是否切实做好学生体质健康监控、评价与奖惩等工作，以确保各项要求真正落到实处。

2. 建立多维监控模式

建立多维监控模式对于青少年体质健康的系统化、全面化管理至关重要。

该模式需要家庭、学校和社会等多方主体相互配合、共同作用，从而确保青少年体质健康得到全方位的关注与保障。其中，学校的监控尤为关键，作为直接面向学生的主体，其在日常监督、指导和教育方面所发挥的作用最为突出。

3. 培养青少年的自我监控意识

积极参与体育运动、主动接受体质健康教育，是青少年实现自我体质健康监控的第一步，也是帮助他们塑造更健康体魄的有效途径。一是通过科学合理的措施，帮助青少年树立强烈的自我监控意识，让他们深刻认识到自身体质健康的重要性。为此，学校应大力宣传并传播与体质健康相关的知识与信息，努力营造良好的体育文化氛围。二是鼓励青少年熟悉并掌握各类健康保健知识与技能，逐步形成更科学的认知和更完善的保健能力，引导他们积极纠正错误的生活方式、培养良好习惯，从而持续提升自身的体质健康水平。

4. 对青少年体质健康促进工作进行规范

各单位应当对青少年体质健康测试的工作制度、操作流程和测试标准进行严格规范，这是确保数据准确的关键基础。完成体质测试后，还需要根据测试结果制订科学有效的健康干预方案，以进一步提升青少年体质健康的管理成效。

（四）青少年体质健康管理的评价

1. 加强信息化建设

随着信息技术的不断发展，我们逐步进入便捷的数字社会，青少年体质健康管理也随之受到影响。由于这一管理工作需要依托丰富的数据和信息，而目前我国在资金、专业人才以及网络系统方面尚存在明显不足，因此与理想的信息化水准尚有不小差距，这在很大程度上削弱了青少年体质健康管理的成效。因此，强化信息化建设对于实现更理想的管理效果至关重要。为此，可从以下两个方面着手：一是开辟更为广泛的渠道，使不同学校之间以及学校与社会之间的信息传递更加迅速、便捷，同时开展动态监测，实现资源的共享与充分利用。二是借助先进的计算机技术，建立随时随地的监控与反馈机制，并进一步构建科学完善的监控系统，为青少年体质健康管理提供更加有效的支持与保障。

2. 建立更为合理的体质健康评价指标体系

青少年体质健康评价指标应当兼具合理性与可操作性，这是构建高质量体质健康评价体系的必然要求。作为体质健康监控的核心主体，学校需要在严格贯彻执行《国家学生体质健康标准（2014年修订）》的基础上，结合青少年身体发育规律及健康水平，选取更有效的体质健康评价指标，并在相关政策指导下不断加以完善，从而形成系统、科学的评价指标体系。

在具体实践中，可从以下三个层面着手：一是依据青少年在身心发展与适应力方面的特点，选取具有代表性的指标；二是结合学校现有的体育资源，优先选择易于操作与实施的评价指标；三是组建专业测评机构，并在专家意见的基础上选定更具针对性和实用性的评价指标。

3. 完善促进体质健康的反馈机制

科学地优化并完善有助于体质健康水平提升的反馈机制，不仅能让广大青少年在相对短期内获取自身体质健康相关的信息，还能为后续管理提供更多支持。在具体完善过程中，需要重点关注以下两个方面：一方面，该机制应在一定程度上推进对青少年体质健康的监管与评估，为解决体质监测难题提供助力，进而确保体质健康监测和评价工作的有序推进。另一方面，不同监控主体应能够各自运用多元化手段掌握青少年体质健康状况，并据此实施更具针对性的干预，从而有效提高青少年体质健康管理工作的质量。

二、青少年体质健康管理的程序

对青少年开展体质健康管理，需要依托科学且完善的工作流程，这样才能更好地掌握其身体状况，为后续制定运动处方和干预方案提供依据。通过收集青少年的基本信息、常规体检以及进行健康与体适能评估等，可形成一套较为全面的管理程序。以下从六个方面进行阐述（见图3-7）。

图3-7　青少年体质健康管理的程序

（一）青少年基本信息收集

在实施体质健康管理之前，需对青少年的基本信息进行系统收集，常见的信息包含学号、姓名、性别、身份证号码、年级、专业、班级以及住址等。此环节能够帮助区分不同个体，便于后续的数据分析与健康跟踪。若条件允许，可采用纸质与电子同步登记的方式，一方面可以保证信息的完整性和准确性，另一方面便于工作人员及时检索与更新。妥善收集与保存这些资料，还能为后续的体检数据与管理措施提供更具针对性的匹配依据。

（二）青少年常规体检

常规体检是了解青少年健康现状的重要步骤。基于"尽快发现、尽早干预"的原则，对应青少年成长特点和常见疾病风险，合理设定体检项目。血压、视力、血常规等基础检测，以及心肺功能等针对性检查，皆可纳入常规体检的范畴。体检结束后，需将结果进行详细记录，并归档至纸质健康档案或电子档案中，以便后续查询和比对。这些数据不仅能够展现个体在当前阶段的身体素质水平，还为干预和指导奠定了基础。由于青少年正处于身体发育期，定期开展体检并详细归档能更准确捕捉其健康发展趋势，避免潜在问题被忽视。

（三）青少年健康与体适能评估

在收集常规体检数据的基础上，还需要对青少年的整体健康水平与体适能状况进行更深入的评估，常见方法包括询问、问卷调查等，调查内容涵盖家族史、既往疾病、当前伤病、生活方式及近期体检结果。运动前的健康筛查可参照《体力活动准备问卷》和《运动前筛查问卷》，借此了解影响青少年健康的风险因素与运动禁忌。与此同时，运动史与锻炼频率的记录也至关重要，它能够帮助分析个体对体育活动的适应情况。通过综合上述信息，可判定青少年的体质健康水平与健康风险等级，并为后续制定运动处方与干预策略提供方向。

在完成基本信息收集、常规体检以及健康与体适能评估后，青少年体质健康管理的主要程序就已初步完成。各环节形成的数据库与档案，有助于工作人员对个体或群体的体质健康状况做出比较和总结。后续若能持续更新信息、加强追踪与分析，将更好地发现问题并及时采取针对性措施，从而强化体质健康管理的实效。随着信息技术的不断进步，还可通过在线平台、数据互通等方式完善管理体系，令青少年体质健康管理更加便捷、高效，也为进一步研究和政策制定提供宝贵参考。

（四）青少年体质健康咨询

为青少年提供体质健康咨询，旨在运用专业知识和数据对个人身体状况加以解释与指导，并帮助他们更清晰地了解当前体质健康水平。此环节通常结合常规体检结果、日常生活习惯及运动参与情况，分析影响体质健康的主要因素，包括解析体检报告、剖析生理指标、评估生活方式，并结合实际需求提出后续运动处方或健康管理计划的建议。咨询时会关注个体差异，依据年龄、成长阶段及性别特点提供相应策略，引导青少年在合理范围内提升身体机能和心理适应力。此项工作还可借助线上线下的多渠道形式，使青少年随时获取专业意见，避免盲目运动或过度锻炼带来的潜在隐患，也让他们对未来提升方向更为明确。

（五）青少年运动健康促进服务

此类服务可从两个主要途径着手推进：一是由政府部门统筹，结合学校及相关机构的资源，提供公共性质的运动健康干预。通过财政与政策扶持，面向在校群体开展基础性体质评估、体育技能培训和健康教育，让更多青少年获得运动机会。二是由市场主导的社会服务机构面向个体提供个性化的运动健康服务，根据前期监测数据为不同体质状况设计专项指导方案，包括专业运动训练、饮食规划及心理调适等。通过此种方式，各年龄段可灵活选择适合自身的项目，满足差异化需求。两大途径在实践中相辅相成，可为青少年构建多元化的运动健康平台，也能为后续的追踪与评估奠定基础。

（六）专项服务

专项服务聚焦更为个性化的需求，依据个体体质健康状况与身体潜能制订针对性的行动计划。对于处于健康或亚健康状态的人群，可通过健康教育及生活方式调整实现巩固或改善。若存在慢性疾病或身体隐患，则可在专科医务人员与体育专业人士的协同指导下，采用兼具康复与防护性质的运动方案，循序渐进地改善体能指标和生活质量。此类服务强调细分与定制化，可能包含精确的医学检测、周期性的数据比对以及个人化的训练目标制定。通过此环节，部分青少年能更快发现并纠正不当习惯，为长远维持身体机能与良好心态打下基础。专项服务在实施时通常与医疗部门或康复机构合作，以便及时调整干预措施，并确保各项方案贴合具体体质状况，使青少年在安全前提下逐步迈向更高水平的健康。

第四节　青少年体质健康管理的服务体系

构建一个体质健康管理的服务体系对于青少年参加体育锻炼具有重要的意义。

一、体质健康管理服务体系的概念

体质健康管理服务是指为了满足青少年身体素质方面的需求，并在体育锻炼和健康管理过程中提供监测与指导而形成的各类产品与行为的综合。在此基础上，通过多种要素的有机配合，便可构建起体质健康管理的服务体系，即着眼于满足青少年体质健康需求并对其锻炼全过程加以监控与指导的整体服务结构。完善这一体系将为青少年参与体育活动提供更加科学高效的支持与帮助，确保他们在提升体质健康水平的道路上得到全面的指导与保障。

二、青少年体质健康管理服务体系构建的对策

（一）以指导思想为根本宗旨

在推进健康中国行动的时代背景下，构建完善的青少年体质健康管理服务体系对广大青少年的健康成长具有深远意义。要实现这一目标，首先需要确立指导思想，并将其视作根本宗旨。该指导思想强调"关注健康、关注学生"，提倡弘扬"为了学生、服务所有学生"的奉献精神，坚持面向全体青少年，以强化学生体魄和增进身心健康为主要目标。其次应立足现实需求，兼顾学生终身体育发展的长远利益，高度重视对学生体育意识、兴趣、习惯和能力的持续培养，从而有效提升青少年的身体健康、心理与社会适应等水平。在这一思想的指引下，政府及高校管理部门需要积极探寻对青少年体质健康状况进行干预的科学手段，并加大对体育锻炼意识与行为习惯的培育力度，使更多学生养成健康的生活方式。只有在指导思想的引领下，才能构建更系统、更高效的青少年体质健康管理服务体系，进一步推动青少年全面而健康地发展。

（二）以政策法规为基本保障

政策法规在青少年体质健康领域具有重要意义，能够为体质健康管理工作的开展提供有力支持。由此可见，构建青少年体质健康管理服务体系时，应将政策法规视作基础保障，并依靠政府层面的干预与监管来推动相关工作更好地落到实处。需要注意的是，政府在青少年体质健康管理中通常以间接调控的方式发挥作用，具体的直接管理职责更多由各级教育部门承担，这些部门在实施调控时同样需要政府层面给予合法性与权力支持。政府所出台的相关政策只有在实践中切实得到执行，才能真正展现价值。高校应当积极响应政府的号召，充分落实政策法规，并结合自身实际需求制定针对性的青少年体质健康管理措

施，帮助青少年树立终身体育理念，为青少年的健康成长提供稳固保障。随着政府政策干预和监督力度的持续加大，青少年体质健康管理工作的内容也将不断得到深化与完善，从而形成一套日益健全和有效的体质健康管理服务体系。

（三）以考核评估为核心内容

青少年若要在体育锻炼中保持科学性，需要先对其体质健康状况进行系统评估，而这种评估正是检验体质健康管理服务体系成果的核心环节。为了有效实施相关监控与评估工作，应确保测试仪器精准、测评项目合理、评估方法科学以及数据记录与上传真实。在具体的体质健康考核与评估过程中，首先要着力完善高校在硬件与软件方面的条件。在硬件层面，应统一使用标准化测试设备并制定统一的测评指标或评分标准，而在软件层面则需要选拔具有良好职业道德与专业素养的人员进行测试和评分。其次整个考核与评估过程应遵循公平、公正、公开的原则，根据不同年龄段与性别特点选取合适的测试项目，同时确保评估标准切合实际。唯有如此，才能获得准确且客观的评估数据，并为制订科学合理的运动锻炼计划或方案提供重要依据。

（四）以网络平台为未来动向

当今社会已步入信息时代，充分利用互联网资源、搭建在线管理平台并加强信息化建设，对于完善青少年健康管理服务体系具有显著意义。将数据采集、分析与上传等环节纳入统一的网络平台，能显著提升监测的准确性和专业性，为后续的决策与干预提供强有力的技术支撑。在构建青少年体质健康网络信息平台时，应当注重多功能化设计，确保能够高效采集和分析数据，并及时上传相关信息，从而提升整体监测效率。与此同时，平台的有效运转还需要政府层面出台相应的政策措施，以及青少年、家长和教师的积极配合。各方形成协同效应后，网络平台才能发挥更大的价值，为青少年体质健康提供更加稳固的保障与支持。

第四章　青少年体质健康促进相关理论与政策实践

第一节　青少年体质健康促进的概念与方法

一、青少年体质健康促进的概念

青少年的体质通常可分为与健康相关的体质和与运动相关的体质两大部分。[①] 这两种类型虽然各具特点，但共同构成了青少年整体体质健康的基本架构，并在日常生活与运动实践中相互影响与交织。

在具体内涵上，与健康相关的体质主要关注青少年的生理与身体状况，对个体的健康水平和生活质量有着直接影响。按照这一思路，与健康相关的体质涵盖心血管和呼吸系统的耐力、肌肉力量和耐力、柔韧性以及身体成分这四大领域。心血管和呼吸系统的耐力反映了青少年的心肺功能与全身耐受力；肌肉力量和耐力与青少年的身体发育过程和日常生活能力紧密关联；柔韧性体现关节、肌肉的伸展性与灵活度；身体成分则涉及青少年的体重、体脂率和肌肉量等与健康直接相关的指标。至于与运动相关的体质，更关注速度、耐力、灵敏、协调和柔韧等素质，通常影响了青少年在特定运动项目中的实际表现。就表现形式而言，与健康相关的体质侧重于对整体健康状况的衡量，而与运动相关的体质更强调运动技能或竞赛水平方面的表现。然而，这两者并非割裂，而是存在紧密的互动，任何一方的改善都可能对另一方产生积极影响。

体育锻炼是同时影响与运动相关体质和与健康相关体质的一项重要因素。对于与运动相关的体质而言，针对性且系统化的运动训练能够明显提高速度和改善耐力、灵敏、协调与柔韧等素质，进而增强个体在特定项目中的表现。然而，

[①]　冯霞. 青少年体质健康教育 [J]. 中国青年政治学院学报，2006（4）：1–5.

这并不意味着体育锻炼在与健康相关的体质方面所发挥的作用可以被忽视。研究与实践均表明，适度且持续的体育锻炼不仅有助于改善心血管健康，增强肌肉和骨骼系统的稳固性，还能降低慢性病的发病风险。值得注意的是，对与健康相关体质的强化往往能为与运动相关体质的改善提供额外支持。例如，加强心肺功能与肌肉力量对耐力和速度的提高大有裨益。目前，根据《国家学生体质健康标准（2014 年修订）》的相关要求，在对学生开展体质健康监测时主要针对与运动相关的体质展开测评。这种导向与目标的设定，显然是为了更加精准地强化学生的运动能力与身体素质，以适应体育教育和运动竞技水平不断提升的需求。

青少年体质健康促进并不只关乎生物医学层面，更是一个交织着社会与心理因素的综合性过程。在此过程中，青少年的身心特征需要得到格外关注，而针对体质健康所采取的干预方式也应当具备多元与综合的特质。

青少年时期属于个体生理和心理快速发育的阶段，也是形成长期健康行为与生活方式的关键时期。因此，为了更好地设计和落实青少年体质健康促进活动，必须充分考虑到这个年龄群体的特殊需求与属性。在生理方面，青少年的身体处于快速发育中，对于营养与运动的需求同步提升；在心理层面，他们的自我意识逐渐觉醒，社交关系越发复杂，因此接收健康信息和接受教育的方式也有别于儿童和成年人。

在具体实践中，营造适宜的环境尤为重要。所谓"适宜的环境"，不仅意味着良好的硬件条件（如完善的体育设施、足够的营养食品供给），还包括积极的社会氛围（如温暖的家庭环境、正向的校园文化、友善的社区支持）。在这样的环境中，青少年的健康行为和生活方式能够得到有效引导与强化。例如，通过提供丰富多样的运动机会，可提高青少年的锻炼积极性和增强其锻炼动机，从而推动体质健康水平的上升，而通过健康教育与信息传播，能够帮助他们逐步树立更科学的饮食观念与健康意识。

二、青少年体质健康促进的方法

（一）青少年生理健康的促进方法

在促进青少年生理健康时，应充分考虑其成长规律与身体机能特点，并在实践中进行科学合理的规划与安排。训练内容的设计需优先关注骨骼、关节及其他器官系统的发育进程，并据此选择与青少年身体状况相适应的运动方式与负荷水平。接下来，将从传授正确的基础技术、遵循各器官系统的发育顺序、注重全面发展原则以及避免过大的运动负荷四个角度进行详细论述。

1. 传授正确的基础技术

青少年的骨骼具备较高的可塑性，容易受到外力干扰，因此在训练初期应注重帮助他们保持正确的身体姿态，并掌握跑步、跳跃等动作的科学要领。在初学阶段建立良好的技术定型，既能减少运动过程中的损伤，也可为后续更高层次的运动奠定扎实基础。由于青少年普遍具有较强的模仿能力，一旦早期纠正了错误动作，后续的调整难度将显著降低。

2. 遵循各器官系统的发育顺序

正处于心肺、骨骼与肌肉等多重系统快速发育期的青少年，若一味追求高强度或高速训练，往往会对身体组织造成过大冲击。采用循序渐进的训练策略，能够在适宜的阶段为不同器官系统提供合理的锻炼机会，进而全面提升综合体能。例如，心肺耐力的培养可从适度的长跑或游泳开始，而增强肌肉力量则可借助弹力带或自身体重练习，从而有效避免超负荷训练带来的潜在损害。

3. 注重全面发展原则

对于青少年而言，保持多方面均衡发展在体育锻炼中至关重要。如果过度侧重身体某一侧的动作练习，部分肌群或关节可能被过度使用，进而影响另一侧和脊柱的平衡发育。为了避免青少年身体结构出现不对称或变形，应在训练规划中同时关注上肢和下肢、左右侧肌群以及核心部位的协调发展。举例而言，在教授投掷技术时，可让青少年尝试双手投掷或左右手交替进行，以防过度强化单侧而忽视另一侧的锻炼需求。

4. 避免过大的运动负荷

由于青少年的心血管系统、肌肉和关节还未完全成熟，若运动强度或持续时间超出其承受能力，身体机能便易受到过度刺激，严重时甚至会出现疲劳性损伤或妨碍生长发育。在负重训练方面，需格外谨慎。若负荷过重、练习次数过多或时间过长，下肢骨骼可能会产生变形，足弓则有下陷风险，而在有些情形下，骨骼还可能提前骨化，从而影响身高增长。因此，学校或相关机构在制订锻炼计划时，宜结合青少年的年龄、身体素质与营养状况，逐步提高训练负荷，并在每次运动后安排充足的休息时间。

（二）青少年乐观情绪的保持方法

青少年在成长阶段往往容易受到情绪波动的干扰，若要持续维持积极的心态，可从认知调整、自我激励以及注意力转移等多重角度切入。我们将针对这些具体方法展开阐述，旨在帮助青少年更好地调节情绪，并逐步形成乐观向上的心态。

1. 宽容待人，接纳自我

要想维持积极的情绪状态，首要任务在于学会以宽容的心态对待他人与自己。所谓宽容，即是以豁达的胸怀面对生活中各式各样的不完美，为彼此的成长和调整预留足够的空间。借由对他人的包容，青少年能够减轻对外部环境的苛责，缓和人际交往中的摩擦与矛盾，从而营造更加友善的氛围。与此同时，学会接纳自我同样不可或缺。接纳自我的关键在于理性认识自身的生理、心理特质、兴趣爱好、性格气质等多方面因素，既不盲目追求完美，也不对自身过度苛刻。唯有在正确评价自己优缺点的基础上，给予自己适度的宽容，才能缓解内在压力，避免陷入自我否定与负面情绪的循环。例如，当面对学业或现实生活中的种种挑战时，与其力求毫无纰漏，不如坦然承认暂时的不足，进而寻求切合实际的解决路径。

2. 自我暗示，积极激励

借由自我暗示与积极激励进行情绪调节，往往能产生显著成效。自我暗示指的是利用积极语言或观念来强化内心信念，使个体在遇到挫折时保持信心并缓解紧张。例如，当青少年面临挑战时，不妨告诉自己"我一定可以做到"或"问题终究会有解决的办法"，并通过多次重复来稳固这种正向的思考方式。此种心理暗示不仅有助于释放压力，还能在面对难题时保持更平稳的情绪。与此同时，积极激励也扮演着重要角色。青少年可先将看似庞大的任务拆分成若干易于完成的步骤，每完成一步就给予自己肯定或适当的奖励。在循序渐进的过程中逐步累积成就感，有助于塑造乐观的精神风貌。通过此种设定目标、分解目标、逐一完成再加以肯定的循环，青少年能够不断强化自身的信念与积极态度，为日后面对更多复杂挑战奠定基础。

3. 转移注意力，调节行为

当青少年被消极情绪所困扰时，尝试转移注意力往往能够取得良好效果。将思维从引发低落情绪的事情中抽离，转移到阅读、听音乐或运动等能够带来积极感受的活动上，有助于缓解内在压力，让心理状态逐渐回归平衡。假如因为考试成绩不理想而陷入沮丧，不妨先暂停对这件事的过度关注，转而投入某种富有趣味或具有放松效果的活动，从而在短时间内缓解焦虑。与此同时，从行动上进行改变也是管理情绪的有力手段。通过从事与负面情绪毫无关联的事情，如跑步、绘画或打理家务，青少年能够在专注行为的过程中暂时摆脱不良情绪的纠缠，并在这个过程中发现新的乐趣或获得新的动力。这样的行为调节方式，既能释放不良情绪带来的压力，也可为下一步更客观地审视并解决问题奠定较为平稳的心理基础。

（三）青少年人际交往障碍的消除方法

人际交往能力是衡量一个现代人能否适应开放社会的标准之一，青少年必须掌握消除交往障碍的方法。

1. 培养良好的交往品质

青少年在人际交往中出现障碍，往往与交往理念、动机或心理状态的偏差有关。要想解决此类问题，需要从根本上改变不良观念，如以自我为中心、利己主义或过度功利，同时调适因自傲、自卑、猜疑和嫉妒等情绪而产生的心理障碍。通过刻意培养尊重、真诚和宽容等优良交往品质，便能在与他人互动时彰显更积极的交往姿态。

2. 平等相处，善于换位思考

在与他人往来时，应当以平等的态度相处，既不过度抬高自己，也不妄自菲薄。平等还意味着能够与不同背景、修养或性格的人和谐相处，并给予他们同等尊重。要想真正做到平等待人，需要学会将心比心与推己及人，适时换位思考，"己所不欲，勿施于人"。若能在与他人相处时多从对方角度考虑问题，便更易把握恰当的分寸，在言行举止上更显公正与得体。对于青少年而言，经常进行换位思考既能培养更成熟的交际能力，也有助于在人际沟通中建立起真诚而友善的关系。

3. 培养高尚的品格，增强人际吸引力

个体在人际关系中所拥有的吸引力，与其整体素养密切相关，尤其是人格魅力的呈现。人格魅力通常由性格、气质、能力和道德品质等要素共同塑造，能够使他人自然生发出敬佩和认同的情感。当一个人具备高尚人格时，往往能够赢得他人的由衷喜爱和亲近。人格魅力的形成需要以性格特征为基础，透过不断完善自我人格以及端正人生观与交往观，逐渐塑造出更为饱满的精神品格。换言之，通过陶冶情操、养成高尚的道德操守以及培养坚定的责任感和进取心，便能逐步展现更加卓越的人格气质。例如，拥有豁达友善、诚实守信、勇于担当、自尊自强、乐于助人等特质，能在与他人相处时展现出令人欣赏与信赖的人际吸引力。

第二节 青少年体质健康促进的社会治理原则与途径

一、青少年体质健康促进的社会治理原则

青少年体质健康问题是影响中华民族伟大复兴的重要问题，把握以下四个原则是促进青少年体质健康的重要方向。

（一）青少年体质健康促进的依法治理原则

青少年体质健康促进工作，必须严格在法律法规允许的范围内开展。我国对青年、少年、儿童的体育活动提供特别保障，目的在于持续提升他们的身心健康水平。教育、体育与卫生等部门应当切实加强对青少年体质状况的监测，确保能够及时掌握青少年健康发展的实际情况。在任何情况下，法律秩序都应当优先于具体目标所需，因此必须加快推进法治化进程，着重完善地方层面的立法工作，并围绕体质健康测试、学校体育课程、青少年体育活动以及相关工作标准等多方面建立健全制度。此外，还需强化对体质健康测试、青少年体育工作以及学校体育活动的监督考核，运用有效机制来保障青少年体育工作遵循法治原则，推动青少年体质健康工作的长远发展。

（二）青少年体质健康促进的系统治理原则

在推动青少年体质健康发展时，应当加强系统治理，并充分发挥政府在其中的主导作用，同时支持多元社会力量积极协同。通过政府、社会与青少年之间的良性互动，可逐步形成共建共享的健康促进新格局。就实际操作而言，社会治理的重点在于明确各主体的职责定位：政府运用行政主导权力推动公共事务的决策与实施，社会组织则应从原本的边缘地位走向中心位置，成为联系政府与青少年的"桥梁与纽带"，而青少年群体自身需要发挥主动性和积极性，借助自治活动实现更有效的自我管理。

当前，青少年体质健康促进多采用"教育部—教育厅—教育局"的纵向行政管理模式，通过自上而下的指令与安排，确实在一定程度上保障了相关工作的有序推进。但若仅依赖行政力量，社会组织与青少年的自主参与空间相对有限，市场调节也较难取得理想成效。为此，亟须鼓励壮大社会团体、基金会、民办非企业单位及更多基层型组织力量，持续释放社会活力，打破传统推广形式的瓶颈，为青少年体质健康工作的长期深化提供有力支撑。

（三）青少年体质健康促进的源头治理原则

《中共中央关于全面深化改革若干重大问题的决定》明确指出，要坚持源头治理与标本兼治，将工作重心放在治本之上。在青少年体质健康领域，源头治理的核心在于以增强青少年体质为主要目标，通过综合性方式实现标本兼治，注重治理措施与治理顺序的统筹安排。唯有将源头治理作为前提与基石，才能在实践中保障治理效果的持续提升。在实际推进过程中，应把治理关口前移，让政策环境、社会环境与教育环境形成协同效应，充分认识体育运动在增强青少年体质中的重要作用。唯有将治理理念从"治标"向"治本"、由"浅层"迈向"深层"逐步转变，才能真正实现促进青少年体质健康的最终目标。

（四）青少年体质健康促进的综合治理原则

要想青少年体质健康促进工作取得更佳成效，需要在传统行政治理之外，积极推行多元化的综合治理方式，并结合强制与自律、社会调节与自我调节等不同手段。若从治理对象的角度考量，综合治理应着力应对社会环境中错综复杂的问题；从治理主体的角度看，强调整合多种力量和资源；从治理手段而言，注重多元方法的相互配合；从思维方式而言，需以辩证统一的视角来分析和解决矛盾。

青少年体质健康促进并非单纯的教育技术问题，若仅依托学校层面推进，往往难以达成理想目标。对此，可从以下三个方面着手：

1. 转变重文化、轻体育的观念

面对"体质不强，何谈栋梁"的现实，全社会理应重新审视体育在人才培养中的地位，将青少年的运动能力纳入培养指标体系，让体育素养与文化素养提升并重。

2. 强化学校、社区、家庭的联动机制

学校在青少年体质健康促进中起关键作用，而社区也需提供完善的体育设施，保障青少年锻炼的基本权利。与此同时，家庭的结构、文化修养及活动形式也会对青少年的体质健康带来深远影响，需要通过协同机制实现资源与力量的有效整合。

3. 积极培育社会组织，承担相关公共服务

扶持或培育各类社会组织，让其在协调与整合方面发挥优势，广泛开展青少年公共体育服务、体育竞赛活动等工作。采取政府购买公共服务的形式，将

一部分促进任务委托给社会组织，有助于提升资源利用效率并进一步激发社会活力。

二、青少年体质健康促进的社会治理途径

青少年体质健康水平的提升是社会治理的重要内容，涉及学校、家庭、社区、政府等多方力量的共同协作。具体来说，青少年体质健康促进的社会治理途径主要有四点（见图 4-1）。

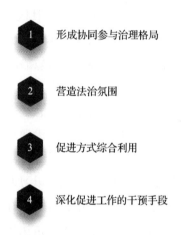

图 4-1 青少年体质健康促进的社会治理途径

（一）形成协同参与治理格局

在我国体质健康促进领域，需要有机整合政府、社会及市场等多方力量，形成政府主导、社会协同、市场参与的协同格局。同时，应当重视非政府部门的积极作用，逐步向社会自主调节的方向转型。

1. 行政部门的职能转变

随着政府角色的不断调整，行政部门职能需由过去的"全面主管"向"主导工作"转变。在确保青少年体质健康促进工作合规、合法开展的同时，行政部门应当将部分具体事务权限下放，并将主要精力放在政策制定、监督管理与法规完善等方面。

2. 社会协同的发挥

社会协同可通过培育多层次、多类型的体质健康专业社会组织来实现。这些组织在测试指标调整、宣传推广、技能培训等领域可以充分展现"社会智

库"的功能。尤其是社会体育组织,应当在全民健身活动中发挥更加突出的作用,通过举办社区体育活动、提供公共体育服务,与学校体育教育实现优势互补,共同提升青少年的体质健康水平。

3. 市场机构的参与

市场主体需要全面认识青少年体质健康领域的潜在机遇,提升对市场需求的洞察力,进一步加强相关器材的研发与推广,并在运动处方定制与实施方面提供高质量的服务和支持。

此外,应积极推动网格化治理,将学校、社区、家庭以及其他不同场域、不同时间与多样化形式的青少年体质锻炼工作纳入统一的网格化治理体系,实现对青少年体质健康促进活动的全覆盖与更有效的协同。同时,为解决工作中可能出现的治理滞后、缺乏主动性和响应能力不足等问题,应当构建青少年体质健康方面的大数据网络。通过对基层治理信息进行系统收集、分析与结构化管理,可在必要时迅速反馈与调整,从而提升治理水平、加快促进工作进程。

(二)营造法治氛围

在青少年体质健康促进工作中,应当始终以习近平新时代中国特色社会主义思想为指引,着力打造浓厚的法治氛围,提供强有力的法治保障,进而形成良好的法治环境与坚实的法治基础。通过确立依法治理的目标,并加快培育社会力量,借助多元参与与协同机制,可构建既富有活力又注重竞争、兼具和谐与秩序的治理环境。近年来,相应的政策法规不断强调青少年体质健康的重要性,并进一步推动各项具体措施的落地实施。

要完善政策法规体系,不能只关注国家学生体质健康标准测试这一个方面,还需将学校体育、饮食营养等相关内容以法律形式加以明确,从宏观、中观和微观层面分别设定促进目标,为今后的系统治理奠定稳固根基。由于各地区的青少年体质健康水平与经济社会发展状况不尽相同,地方政府应结合当地实际,围绕四大核心目标,即明确促进方向、健全工作机制、补足发展短板以及完善保障措施,制定相应的法规与政策。与此同时,政策法规应凸显新时代的思想特色,实现青少年体质健康促进工作的广覆盖,并切实解决实践中遇到的具体难题。

(三)促进方式综合利用

1. 加强学校、社区、家庭"三位一体"建设

在青少年体质健康促进的社会治理中,应结合现代信息技术的优势,通过

数据反馈和精准引导，加快推进体质健康监测智能化，减小人工监测误差。同时，智能化监测还能优化数据采集，实现资源共享并提升监测效率。

（1）体质健康管理系统应具备生成个性化报告的功能，能反映青少年的体育活动参与程度、体质测试结果以及相应的运动营养处方，并且需定期向家长反馈相关信息，从而保持学校、家庭之间的信息畅通，帮助营造更健康、和谐的家庭体育氛围。

（2）学校应积极开展体质健康课程建设，课程内容着重于培养青少年的健康理念与传授实际锻炼技能，鼓励青少年对自身身体状况进行自我评定和分析，并掌握科学的运动方法。课程要强调个体差异性，而非用统一标准对所有学生进行横向衡量，更注重针对性与纵向比较，使青少年能逐步提升体质健康水平。

（3）社区需加快体育器材与配套设施的完善，为青少年参与体育活动创造更充足的场所与机会。社会体育组织还可借助体质健康管理平台所提供的实时数据和反馈，及时了解青少年的实际需求，引导社会体育指导员深入社区一线，依据个体差异提供定制化的体育服务指导与运动处方。通过加强学校、社区、家庭"三位一体"建设，多方合力才能更好地推动青少年体质健康促进工作的开展。

2. 推进社会组织培育、政府购买服务双重机制构建

社会体育组织的健康发展，不仅有利于保障青少年参与体育活动，还在教育和体育部门的体质健康促进工作中发挥补充作用。因此，需要构建多元培育平台：由政府主导并通过购买服务来运行的行政培育平台；由企业主导并借助公益创投获得支持的市场培育平台；由支持型社会组织为核心、以孵化器为载体的社会培育平台；由高校担任培育主体、以学历教育为主要模式的智力支持培育平台。

在新型社会治理格局下，政府购买服务格外重要。以美国政府为例，体质测试标准的制定与追踪评价体系工作由坎佩尔速普公司通过购买服务方式承接，该公司依托专业优势完成标准制定和追踪评价体系的搭建。就我国而言，政府目前在赛事活动、培训以及体育场地设施建设等领域较多采用购买公共体育服务的方式。今后，应进一步拓展购买服务的范畴，将青少年体质健康相关内容纳入政府采购清单，如体质健康标准制定、测试管理、评价追踪以及健康促进服务等。通过此种购买机制，不但能减轻政府在实际操作层面的压力，还

能够更好地激发社会力量的积极性与专业性，从而提升青少年体质健康促进工作的整体效率。

（四）深化促进工作的干预手段

提升青少年体质健康水平是关乎国家未来发展的重要任务。在这一过程中，需要不断优化干预手段，以应对多元复杂的健康挑战。通过优化标准指标、畅通沟通渠道、完善第三方评估机制和创新干预手段，可以有效推动青少年体质健康促进工作的全面发展和深入实施。

1. 优化标准指标，提升评价效能

青少年体质健康测试的标准和评价体系，对于整个工作的成效有着至关重要的影响。为了提升科学性和适用性，需要从测试指标、评价模式和测试范围三个方面对标准进行优化。

（1）调整测试指标，提升适应性。虽然现行的测试指标已经涵盖了运动能力和健康指标，但是部分项目的设计还存在适用性不足的问题。比如，上肢力量测试中的传统引体向上项目，对于部分青少年来说难度较大，容易打击他们的参与信心。因此，建议引入斜身引体向上或修正引体向上这些更贴合大多数青少年身体机能的项目。这样不仅能激发他们的参与兴趣，还能更好地实现训练效果。

（2）优化评价模式，增强指标关联性。目前我国采用的是传统的百分位常模评价标准，但这种模式在反映健康水平与疾病风险预防方面的关联度并不高。为了改进这一点，建议未来采用标准参照评价模式。这种模式可以将测试结果与健康指标及慢性疾病预防紧密挂钩，通过科学化的评价标准，激发青少年锻炼的内在动力，使他们的健康行为更具持续性。

（3）拓展测试范围，关注特殊群体。在推广普适性测试的同时，还需要特别关注残疾青少年的健康需求。为了实现全体青少年体质健康工作的覆盖目标，建议制定适合残疾青少年的体质健康标准，并为他们提供科学的测试与指导服务。这样才能真正体现"以人为本"的政策理念，让每一个青少年都能享受到体质健康测试带来的益处。

2. 畅通沟通渠道，推动多方协同治理

多方协同治理在青少年体质健康促进工作中扮演着至关重要的角色。为了实现治理主体间的高效互动与合作，需建立利益协调、信息共享、诉求表达和矛盾化解这四大机制。

（1）建立利益协调机制。行政部门需要明确各治理主体的职责分工，协调好他们之间的利益关系，并划定清晰的权责范围。具体来说，就是要弄清楚测试标准的制定者、经费的承担方、测试的执行者以及监管部门的责任归属。这种明确的责任划分，有助于减少管理上的推诿现象，从而提高治理效率。

（2）建立信息共享机制。社会组织和研究机构应该加强对青少年体质健康状况的调查，收集包括体育活动参与度、生活作息、饮食营养以及心理健康等方面的数据，并将这些数据反馈给相关部门，形成详细的报告。同时，市场机构如保险公司、体育企业和医疗机构也可以利用这些数据为青少年提供个性化的健康服务，从而构建一个从数据采集到服务输出的全链条支持体系。

（3）建立诉求表达机制。工作透明化是赢得社会支持的关键。通过政策解读和信息公开，可以减少青少年、家长以及其他利益相关方的信息不对称问题。青少年关心体质健康的改善，市场机构希望健康服务能带来盈利，而社会组织则重视实现自身的价值。明确各方的诉求，并在政策设计中予以体现，可以显著提升工作效率和满意度。

（4）建立矛盾化解机制。在提供公共体质健康服务时，需要兼顾青少年的共性需求和个性需求。为此，建议完善场地、器材、设施等公共资源，并出台专门的政策来保障残疾青少年的运动权利。比如，可以增设适合残疾青少年的测试标准和训练设施，以此来增强健康促进工作的普适性和包容性。

3. 完善第三方评估机制，实现精准监管

建立健全的第三方评估机制是确保监管工作精准化的重要路径。通过引入专业机构全程参与监督，可以显著提高治理的科学性和透明度。

（1）计划实施与方案内容的精准评估。第三方评估机构应以可行性、合理性和有效性为标准，对青少年体质健康促进工作的计划、方案和具体内容进行全面审核。这一过程不仅要覆盖目标设定和资源分配，还需对实施效果进行深入评估，从中发现潜在问题并提出改进建议，从而实现政策设计和执行的动态优化。

（2）测试流程的全程监督。为确保体质健康测试数据的可靠性与公正性，可将整个测试流程交由专业第三方评估机构监督。此举能够有效避免传统行政评估可能存在的片面性，通过全程监控，保障测试的科学性和公平性，进一步为后续的健康干预提供精准的数据支持。

（3）后续管理服务的动态监督。后续服务的范围包括体质健康反馈、定制运动处方等内容，由于多方参与，监管压力明显增加。第三方评估机构可以对后续服务的质量进行持续跟踪，及时发现并解决问题，从而确保服务效果稳定可靠。通过这一动态监管体系的完善，不仅可以增大政策实施的信任度，还能进一步提升执行的规范性和有效性。

4. 创新干预手段，推动全面实施

要全面提升青少年体质健康水平，需不断创新干预手段，从多角度优化提升干预效果。

（1）利用智能科技优化管理模式。通过引入智能设备与大数据技术，建立实时监测和动态反馈系统，可实现对青少年健康状况的精准追踪与科学干预。这种基于科技的干预方式，不仅显著提高了管理效率，还为政策调整提供了翔实的数据支撑。

（2）加强社会力量的参与。应积极引导企业、社区和社会组织共同参与健康促进工作，构建广覆盖、深服务的健康促进网络。社区可以利用公共资源提供运动场地和设施，企业能够研发面向青少年的健康项目，社会组织则可组织丰富多样的健康活动。通过多元主体的协作，进一步推动健康促进工作的全面落实。

（3）建立动态调整机制。健康促进政策的实施需动态跟进，针对实际情况不断调整。通过全面收集实施过程中的反馈信息，及时优化和修订干预措施，使政策始终适应社会变化和青少年需求，为青少年长期健康发展提供持续保障。

第三节　青少年体质健康促进政策的制定与执行

一、青少年体质健康促进政策制定

青少年体质健康水平的提高不仅关系个体的健康成长，还是国家长远发展的重要基石。这一领域不仅涉及身体素质，还涵盖了心理、精神以及社会适应等多个层面。随着社会变迁和科技进步，青少年体质健康面临的挑战逐步增多，使得制定相应的政策显得尤为必要。

政策制定是一项复杂的系统性工程，需要全面权衡各方利益与需求。在这一过程中，确保每个利益相关者的意见被倾听并有效协调，是实现政策目标的关键。在我国，青少年体质健康促进政策的制定，充分展现了顶层设计中的核心领导作用。在政策方向上，不仅明确了国家的整体目标，还兼顾了民众的实际需求，同时努力提升政策制定的公开透明性，使社会各界能够广泛参与监督与评估。然而，青少年体质健康涉及教育、体育、卫生等多个部门和领域，必须通过跨部门的协调与合作才能取得实质性成效。在政策制定过程中，国务院以及教育部、国家体育总局、国家卫生健康委员会等相关职能部门，发挥着不可替代的作用。教育部提供学校体育教育的权威数据和研究成果，国家体育总局贡献青少年体育训练的实践经验，国家卫生健康委员会负责青少年健康状况的调查和统计分析。各部门的专业建议与资源，在被充分整合后为政策提供了科学支撑与明确方向。此外，政策制定者需考虑政策的可行性和实际实施效果，确保政策在制定之初就具备操作性和针对性，从而在推行过程中提升效率和效果。通过党的领导与多部门的共同努力，逐步完善相关机制和措施，青少年体质健康政策的正面作用将得以长期发挥，为未来的健康发展奠定坚实基础。

（一）有针对性地提出青少年体质健康促进政策问题

青少年体质健康促进政策的制定过程往往集中体现了国家对健康促进各方利益的综合考量。工作伊始，通常先从对青少年体质健康领域所面临的问题的剖析入手。由于现代生活方式、学业压力以及不合理的饮食习惯等多重因素的叠加，青少年群体在体质健康方面呈现出复杂多变的困境。各项问题彼此交织，形成了一个紧密关联的体质健康问题网络。因此，第一步便是对这些关键难点进行聚焦与分析，从而有的放矢地制定体质健康促进政策。在这一阶段，各级党委、政府及相关职能部门需要通过数据统计、实地考察等多种方式，对当下青少年体质健康的整体状况进行全面摸底，并准确辨识问题的核心与边缘层面，为随后的政策制定指明方向。同时，也需深入考量与平衡不同利益相关方的需求，包括学生、家长、学校、社区、体育组织等。不同主体时常拥有各自的立场与目标，既可能彼此契合，也可能存在冲突与差异，唯有充分理解并调和这些利益诉求，才能为后续政策的有效落实铺设良好基础。在这一过程中，各级党委、政府及所属部门发挥自身在专业知识、执行经验等方面的优势，通过科学评估与综合研判，力求制订出兼具可行性与科学性的政策方案。只有这样，才能确保青少年体质健康促进工作得到切实推进，真正回应多方主体的关切与需求。

（二）青少年体质健康促进政策的目标定位

随着青少年体质健康问题不断凸显，国家未来与民族持续发展可能面临潜在威胁。为应对这一严峻形势，制定具有针对性的健康促进政策至关重要，其中，准确确定政策目标成为政策制定过程中的关键环节。

事实与数据是决策的坚实基础。面对青少年体质健康的种种难题，政策制定者必须透过深入调查和研究来了解现状，包括对学生群体的体质检测、生活方式调研，以及对日常运动和锻炼情况的评估。党政机关与相关职能部门可通过协同合作，积累真实而准确的数据，以支撑后续决策。基于对实际情况的掌握，设定切合实际的政策目标。此过程既需关注眼前困境，也要充分预判未来趋势；既不能过于笼统，也不可过度苛刻。只有综合考量学生实际、家长期待、学校条件与社会支持，才有望在执行过程中获得多方共识。

同时，政策目标的制定并非一劳永逸。随着社会环境的变化、青少年健康水平的波动以及科技的发展，政策目标也需要定期被检视与修正。党政机关及相关部门应当不断收集政策落实过程中的各类反馈，对政策效果开展评估，并在此基础上对目标进行动态调整。为确保政策定位更具全面性和科学性，还需广泛吸纳社会各界的观点与声音，包括家长、教师、专家、学者、社区负责人以及其他利益相关方的建议。此举不仅能让目标更全面、更严谨，还能在更大范围内赢得对政策的认同与支持。

（三）青少年体质健康促进政策方案的初步设计

解决青少年体质健康问题需要制订细致而周密的政策方案。在明确目标之后，下一步便是开始构思具体的方案。此阶段的关键在于确保方案具有实用性、有效性与创新性，以实现既定目标。

方案设计伊始，应当对已有的青少年体质健康数据进行深入剖析。这些数据来源于前期的调查研究，为政策制定者提供真实情况，从而更加清晰地指明问题所在。鉴于青少年体质健康涉及教育、卫生、体育等多个领域，相关部门需要实现跨界合作、集思广益，确保方案能覆盖各领域需求，提供较为全面的解决办法。虽然青少年体质健康问题并非新课题，但是若要从根本上应对挑战，仍需引入创新性措施。这或许包括探索新的教育模式、开发新型锻炼方案或与企业合作开展新型健康项目等。在初步设计方案时，还要重视社会各界的广泛参与。可以通过公众咨询、问卷调查或专家研讨会等形式，广泛收集意见和建议。这种互动不仅确保了方案内容的全面性，还能促使社会对方案产生广泛认同。初步方案草案完成后，必须同步规划其推广与监控机制。这涉及方案如何有效推广实施、如何对实施效果进行科学评估以及如何根据实际反馈及时调整优化。通过这一系列环节的精心设计，青少年体质健康促进政策方案才能具备良好的可操作性和持续改进性，为切实提升青少年体质健康水平打下坚实基础。

（四）青少年体质健康促进政策方案的系统论证

青少年体质健康促进政策方案的成功与否，在很大程度上取决于它是否经过了严格的系统论证。系统论证旨在确保方案不仅在纸面上看起来可行，而且在实际操作中切实可行。

在开始论证之前，要收集与政策相关的所有数据。这包括青少年的健康状况、现有的健康教育项目效果、资源分配情况等。数据分析将为后续的论证提供坚实的基础。政策方案的论证不应只局限于政府内部，各相关部门、人大代表、政协委员等都应参与到论证过程中，他们可以为方案提供不同的论证视角，帮助政策制定者发现潜在的问题。例如，健康促进专家和学者拥有丰富的经验和理论知识，他们的意见对于确保政策方案的科学性至关重要，他们可以提供关于方案可行性、有效性和长远影响的建议。除了政府内部和专家学者，还需要征求社会各界的意见。社区组织、家长、教育工作者以及青少年自己都可以为方案的论证提供宝贵的意见。[①]

在论证阶段，可以选择某些区域或学校进行方案的模拟实施。这可以帮助政策制定者了解方案在实际操作中可能出现的问题，并及时进行调整。根据论证过程中收集的各种意见和建议，对政策方案进行必要的修订和完善，确保方案既科学又可行。当方案修订完毕后，需要进行最后一轮的评估。这次评估应综合考虑方案的全面性、创新性和长期效果。

（五）青少年体质健康促进政策方案细节的完善

逐步完善政策方案细节是确保政策成功实施的关键步骤，对于青少年体质健康促进政策而言，这一步更为重要，因为它涉及未来一代的身心健康。

即使在初步设计政策方案时已经进行了大量的调查研究，在制定具体方案时也仍然需要进一步的数据。第二次调查主要关注那些在第一次调查中可能被忽略或未深入探讨的问题。收集各方的反馈意见是完善方案细节的关键，这包括从实地考察、专家建议、公众意见和试点项目中获得的反馈。将所有新收集

---

① 王毓江. 充分发挥各类社会利益主体在公共政策制定中的作用 [J]. 中共合肥市委党校学报，2014（3）：9–11.

的数据、建议和反馈进行分析和整合，找出方案中可能存在的问题或需要改进的地方。

基于上述分析，对方案中的每一个环节制定具体的实施措施。这包括明确责任主体、分配资源、设置时间表和制定评估标准。在完善方案细节时，需要考虑到实施过程中可能遇到的困难和挑战，并提前做好应对策略。方案的持续性是其成功的关键，需要确保政策方案中有足够的机制来支持和鼓励长期的实施和监督。社会和科技的发展会导致青少年健康问题的不断变化，因此，完善的政策方案应具有一定的灵活性，可以根据实际情况进行调整和更新。

（六）青少年体质健康促进政策出台的程序履行

履行政策出台程序是确保政策有效、合法、透明并得到社会广泛认可的必要环节。政策出台不仅是一份文件的发布，还涉及各个层面的审议、讨论和确认。

当政策方案经过反复地完善和修订后，将其提交至相应的政府或党委机关进行审议。组织常务会议或常委会会议进行审议，是政策出台的核心环节。在此会议上，相关政府或党委机关将深入研究、讨论政策方案，并根据实际情况进行调整和完善。在常务会议或常委会会议的基础上，根据需要可能会进一步征求各方面的意见，包括其他部门、专家学者、社会组织等，确保政策方案的科学性、实用性和可操作性。基于会议讨论和外部意见，还对政策方案进行进一步的修订和完善。在经过反复地审议和修改后，政策方案将在常务会议或常委会会议上得到最终确认，并作为正式的决策进行发布。政策方案一旦得到确认，便会通过正式的平台，如政府公报、官方网站等，向社会公布，明确实施时间、实施主体和监督机制。

二、青少年体质健康促进政策执行

青少年体质健康促进政策执行涉及的不仅是政策的字面推广，还包括在实际场景中的操作、应用和实施。执行阶段作为政策周期中至关重要的环节，其质量直接影响着政策目标的实现。制定完善的政策方案只是工作的开始，真正的挑战在于如何确保这些政策在实地得到有效、公正、及时的执行。90% 的工作量和关键成果都集中在政策的执行过程中。[①]

———————

① 陈振民.政策科学：公共政策分析导论[M].北京：中国人民大学出版社，2004：160.

（一）青少年体质健康促进政策执行主体

政策执行主体扮演着策略制定和实际执行之间的桥梁角色，确保政策的目标和意图在实际场景中得到体现和实现。在一个维护健康的公共行政体系中，政策执行主体的作用不可或缺。没有它们，再完善的政策也只能是纸上谈兵，难以落地生根。

在我国的行政体系中，行政机关及其工作人员构成了公共政策执行主体的核心。这些机关和个体不仅负责政策的执行，还需确保其与公民的意愿、利益和需求相一致。换句话说，他们在执行政策时，不仅要考虑政策本身的要求，还要确保政策在实施过程中为公民带来实际的好处。对于青少年体质健康促进政策而言，执行主体的角色尤为关键。青少年是国家的未来，他们的健康直接关系着国家的长远发展。因此，确保政策得到有效执行，既是为了青少年的健康，也是为了国家的未来。

青少年体质健康促进政策的执行主体包括各级政府的相关职能部门、学校、社区、家庭和少数的社会专门性组织。这些执行主体各有角色和责任。各级政府的职能部门是政策执行的主导者，它们确保政策在各个层级得到推广和执行。学校作为青少年的主要活动场所，承担着直接的教育和指导责任，确保学生在学习之余得到合适的体育锻炼。社区为青少年提供更为宽松的锻炼环境，鼓励他们参与各种体育活动。家庭则是青少年成长的第一环境，父母和其他家庭成员对青少年的健康习惯有着直接的影响。而那些社会专门性组织，如体育协会、健康促进组织等，为青少年提供更为专业的指导和支持。不论是哪个执行主体，其在执行政策时都面临着各种挑战，如资源分配、利益协调、执行效率等方面。但无论如何，他们都应始终坚守自己的职责，确保政策为青少年带来实际的好处。

（二）青少年体质健康促进政策执行方式

青少年的体质健康对于一个国家的未来来说是至关重要的。为了确保青少年体质健康这一目标的实现，合理且有效的政策执行手段是必不可少的。在我国，为了提升青少年的体质健康水平，已经采纳了多种政策执行方式，如行政手段、经济手段、法律手段（见图4-2）。

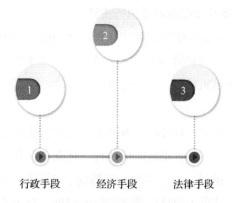

行政手段　　　经济手段　　　法律手段

图 4-2　青少年体质健康促进政策执行方式

1. 行政手段

行政手段作为执行青少年体质健康促进政策的重要方式，依托行政组织的权威，通过行政命令、规章制度等，统筹协调政策的实施。这种方式在政策执行中展现出独特的优势。例如，2012 年卫生部发布的《学校卫生监督工作规范》明确规定了各级学校在校园卫生管理方面的具体要求，为校园卫生工作的开展提供了权威指导。这种规范性文件从制度层面对学校的卫生管理提出了严格要求，为各类学校提供了政策实施依据。

行政手段的主要特点如下：

（1）直接性。行政手段以其高效直接的特点在政策实施中发挥了重要作用。通过明确的行政命令和具体的政策条款，可以迅速针对特定问题作出回应。例如，《学校卫生监督工作规范》明确了学校卫生管理的标准，为学校提供了清晰的操作指引。这种直接性有效缩短了政策落实的时间，使学校能够迅速调整工作内容以符合相关要求。

（2）权威性。行政手段因来自国家行政机关而具有高度权威性。相关政策和规范一旦由国家级或地方行政部门发布，通常被视为具有强制力的执行标准。学校及其他相关单位在接收这些政策文件后，通常会认为其具有不可动摇的地位，从而认真执行。这种权威性确保了政策的实施具有较高的可信度和影响力。

（3）强制性。行政手段通常伴随着一定的强制力，通过法律条文或行政规定赋予政策执行以约束力。对于违反政策要求的机构，相关部门可以实施行政处罚或采取其他法律措施。以《学校卫生监督工作规范》为例，未能按要求落实相关标准的学校可能会受到相应的行政处理或惩罚。这种强制性不仅保障了政策的执行力度，还有效减少了因消极执行或不执行政策而可能出现的问题。

行政手段在政策执行中的优势显而易见，它能够快速统一行动，确保政策在短期内获得全面实施。但单一依靠行政手段也可能存在一些问题。例如，由于行政手段具有较强的强制性，有时可能忽略了被执行单位的实际情况，甚至导致执行过程中的适配性不足。此外，强制执行可能会因缺乏配套的激励机制而影响长期效果。特别是在青少年体质健康促进的复杂领域，仅仅依赖行政手段可能难以全面覆盖政策的目标。

2. 经济手段

经济手段在青少年体质健康促进政策执行中的作用不容忽视。借助经济手段，政策执行者能够有效地调节健康促进政策执行过程中的各种经济利益关系，进而确保政策得到有效实施。以《"健康中国2030"规划纲要》为例，其中明确提出到2030年，学校体育场地设施与器材配置达标率达到100%。为了实现这一目标，各级政府需要保证足够的资金投入，用于学校体育设施的建设和器材的采购。这种经济手段的运用，旨在确保学校体育教育得到足够的资金支持，从而更好地促进青少年体质健康。

经济手段具有三大特点，即间接性、有偿性和关联性，它们均为政策的成功执行提供了支持。

间接性特点意味着政策执行者不是直接开展行动，而是通过经济激励或制约等影响其他主体的行为。在上述例子中，政府并不直接参与学校体育场地设施与器材的建设和采购，而是通过提供资金支持鼓励学校进行这些活动。有偿性特点强调了资源的有价性。为了获取资源或服务，必须支付一定的费用，这也是各级政府需要保证学校体育教育的专项资金投入的原因。这样的资金支持，确保了学校有足够的经济能力来购买高质量的体育设施和器材。关联性特点主要体现在经济手段常常与其他政策手段相结合，以实现更好的效果。在这里，经济支持与学校体育设施的标准、监管和教育相结合，确保学校能够为学生提供良好的体育教育环境。这三大特点共同确保了经济手段能够在青少年体质健康促进政策执行中得到有效应用。当然，只有经济手段是不够的，还需要与其他政策方式相结合，如法律手段、行政手段，共同确保政策目标得到实现。

3. 法律手段

法律手段通过对各种关系的调整，确保了政策目标的实现与社会公平公正得到维护。

在我国的行政体系中，国家行政机关采用各种法律法规、法令、司法和仲裁等工作来确保政策得到有效执行。这些法律工具等为政策执行提供了明确的框架和指导。例如，《中华人民共和国义务教育法》为学校义务体育教育提供了基础和方向，确保每个学生都能享受到必要的体育锻炼和健康教育。《学校体育工作条例》进一步详细规定了学校在体育教育和活动中的职责和要求，使学生的体育权益得到保障。而《中华人民共和国体育法》则从更为宏观的角度对全国范围内的体育活动进行了规范和指导。这些法律法规为青少年体质健康促进政策的执行提供了坚实的基石，它们为政策执行中的各种主体，包括学校与学生、教育部门与体育组织、家长与学校等，提供了明确的指导。

法律手段的权威性、强制性与规范性使其成为政策执行中不可或缺的方式。权威性确保了法律手段得到社会各界的尊重和遵守，从而使政策执行更加顺畅。强制性意味着违反相关法律法规和规定的行为都会受到相应的制裁，确保政策执行的严肃性和效果。规范性则为各方提供了明确的行为准则和期望，使政策执行过程更加公正和透明。同时，采用法律手段执行政策还有助于增强社会的信任和认同。当公众看到政府通过权威的法律手段坚决地落实青少年体质健康促进政策时，他们更容易信任政府的决策，并积极参与和配合相关活动。

第五章　青少年体质与心理健康的运动促进方法

第一节　青少年身体素质的训练方法

一、力量素质训练方法

（一）力量素质的概念

人体在任何运动中都离不开肌肉的收缩力量，它会维持人体的基础生活能力。力量在人体中可以分为内力和外力，内力是人体神经肌肉系统活动时对抗和克服外力的能力。外力是因外阻力而引起的力，如克服重力、摩擦力等。

力量是身体素质的一种。所谓的力量素质是人体获得身体某部分肌肉在工作时克服阻力的能力。在人体参加运动时，所指的力量素质是肌肉力量，即机体完成动作时肌肉收缩对抗阻力的能力。力量素质主要是通过肌肉的工作形式表现出来的，如肌肉在工作时要克服的阻力有内部阻力和外部阻力。内部阻力指肌肉间的对抗力，如肌肉的黏滞性等；外部阻力包括摩擦力、物体重量和空气阻力等。决定肌肉力量大小的因素主要有以下三种：完成动作时肌肉群收缩的合力，肌肉群收缩的协调能力，骨杠杆的机械率。

从上述内容中可以看出，力量源于肌肉。关于正常成年男女的肌肉占体重百分比，男性约为 43.5%、女性约为 35%，而经常参加力量性运动项目的男子百分比可达 45% 以上。因此，力量是提高运动能力的基础，力量素质则是衡量运动训练水平的重要指标之一。

（二）力量素质的分类

力量素质作为体育训练中重要的身体素质之一，依据不同运动项目的需求和力量表现形式，可将其划分为多种类型。

1. 按照力量和体重的关系分类

（1）绝对力量。指衡量个体在不考虑体重因素时所能产生的最大力量。这种力量类型通常用于测试一个人肌肉的极限能力，体重较大的青少年在这方面表现通常优于体重较轻的青少年。例如，在举重等需要极大力量的运动中，运动员的绝对力量对比赛成绩起着决定性作用。

绝对力量的提升需要通过科学系统的力量训练来实现，训练内容包括重量训练、肌肉耐力训练以及力量增强的专项练习等。需要注意的是，绝对力量的训练对体重的影响较大，体重增加通常伴随着肌肉力量的提升，因此在训练计划中，应平衡力量增长与体重变化的关系，避免因体重过快增长影响其他运动能力。

（2）相对力量。指个体相对于自身体重所能表现出的最大力量，具体计算公式为绝对力量与体重的比值。这种力量类型在需要移动自身身体重量的运动项目中显得尤为重要，如跳高、跳远、体操等。

提升相对力量除了增加绝对力量外，还可以通过适当减轻体重来实现。在训练过程中，减少体脂比重、优化肌肉质量是提升相对力量的有效手段。例如，在跳远项目中，运动员需要克服自身体重实现向前或向上的运动，相对力量越大，动作完成的效率和质量就越高。因此，科学的体重管理和专项力量训练对于提升相对力量至关重要。此外，相对力量的训练应避免单一模式，要结合速度、灵敏度、协调性等其他身体素质的综合发展。例如，在体操训练中，除了力量之外，身体控制能力也起到关键作用，这要求在设计训练计划时，既关注力量的增长，又兼顾其他运动能力的协同提升。

2. 按照力量的表现分类

（1）快速力量。指人体神经肌肉系统通过肌肉快速地收缩来克服阻力的能力。快速力量以速度和加速度的形式表现出来。快速力量对需要爆发性用力的运动项目的成绩起决定性作用。

快速力量的机制是神经肌肉系统通过反射活动、肌肉弹性成分和收缩成分之间的协调来接受和对抗外界施加的快速负荷。收缩力量和收缩速度同时参与肌肉产生快速力量的机制，神经反射活动和肌肉弹性成分通过复杂协调共同参与。①弹跳力。弹跳力是神经肌肉系统在触地前瞬间被拉长，然后再自动（触地）转化为缩短的过程中，以非常大的加速度向相反的方向运动，使身体产生跃起的能力。它通常是指运动过程中迅速改变运动方向时肌肉克服阻力产生最大负加速度的能力。②爆发力。爆发力是弹性力量的一个组成部分，是神经肌肉系统以最短的时间、最大的加速度爆发出最大的肌肉力量的能力，它利用肌肉的弹性性能在爆发时的极短暂的肌肉预拉长（大约为原肌肉长度的5%）瞬间产生弹性能，大约150毫秒就可达到最大值，并迅速向相反方向用力收缩，通常用力的梯度和冲量来表示。③起动力。起动力是指肌肉收缩50毫秒内达到最大力值的能力。起动力是弹性力量中收缩时间最短的力，也是一种表现在必须对信号做出快速反应的运动项目上的一种力量能力。

（2）最大力量。指个体肌肉通过最大随意收缩对抗超出其能力范围的阻力时所表现出的最高力量水平。这种力量表现受到多种因素的影响，主要包括神经冲动传递的强度与频率、肌肉收缩时的内在协调能力以及关节角度的变化等。神经系统的兴奋性和肌肉纤维的参与程度是决定最大力量的核心因素。神经冲动传递越高效，肌肉纤维的激活范围越广，所产生的力量水平也越高。同时，肌肉内部不同纤维间的协调性会显著影响力量输出的效率。例如，在重量训练中，运动员需要通过系统化训练提升神经肌肉协调能力，从而更高效地激活肌肉群，发掘自身潜能。

最大力量并非固定不变，而是一个动态发展的过程。对于从事竞技运动的人群来说，通过科学的训练计划，可以不断突破个人力量极限。例如，举重运动员需要通过周期性训练逐步提升最大力量，以达到更高的竞技水平。同时，最大力量的提升也依赖于训练负荷的调整和训练方法的创新，强调逐步递增的负荷设计和专项训练的结合。

（3）力量耐力。指个体在持续时间内对抗疲劳并保持一定力量输出的能力。这种力量类型的显著特征是能够在较长时间内维持较强的身体能力。力量耐力在许多需要长时间体力输出的运动项目中占据重要地位，如划船、游泳以及中长跑等项目。

力量耐力的表现受多种因素影响，包括肌肉纤维的耐力类型、能量代谢效率以及心理意志力。尤其是在持续对抗阻力的运动项目中，力量耐力是决定运动员表现的关键。例如，在划船比赛中，运动员需要在全程保持稳定的划桨频率，同时克服水流阻力并维持肌肉输出，这对力量耐力提出了极高要求。训练力量耐力需要注重能量系统的开发，尤其是氧化代谢系统的优化。通过高重复、低强度的训练方式，可以有效提高肌肉纤维的抗疲劳能力。例如，游泳运动员可以通过高频率的长距离训练来增强力量耐力，同时配合专项的核心力量训练提升运动表现。此外，心理训练也是力量耐力培养的重要部分，帮助运动员在比赛中克服疲劳，保持动作的稳定性和效率。

（三）力量素质的意义

力量素质作为人体运动能力的核心要素，在运动训练与日常活动中占据重要地位。它不仅是运动的基本素质，还是衡量个体运动潜力和训练水平的重要指标。以下从力量素质的基础作用、对其他身体素质的促进作用、对运动水平的影响以及在运动训练中的指标性意义四个方面进行详细分析。

1. 力量素质的基础作用

人体的运动是主动器官与被动器官协同作用的结果，肌肉作为主动运动器官，通过收缩和舒张，牵拉骨骼这一被动运动器官完成各种动作。这种肌肉的运动能力是人类进行日常活动乃至复杂运动的基础。倘若缺乏肌肉的发力能力，就难以实现站立、行走等基本动作，更遑论高难度的运动技术。

在运动实践中，力量素质的优劣直接影响运动表现。例如，跳跃动作需要强大的腿部力量才能提高弹跳高度，快速奔跑则依赖脚部强劲的后蹬力量。这说明无论是简单的日常动作，还是复杂的运动技能，都需要力量素质的支持。可以说，力量素质是人体最根本的体能基础，其重要性贯穿于人体运动的各个方面。

2. 力量素质对其他身体素质的促进作用

身体素质的全面发展离不开力量的支持。速度、耐力、柔韧和灵敏等素质的提升，都需要肌肉在不同工作方式下的参与，而力量素质是其共同的基础。

（1）对速度素质的影响。速度素质的提高依赖于肌肉的快速收缩能力，而这种能力又以力量素质为前提。强大的力量储备能够为肌肉的快速动作提供更多动力，从而提升速度表现。例如，短跑运动员通过强化腿部力量，能够显著提高起跑加速能力。

（2）对耐力素质的影响。从生活中可以观察到，体格健壮的人通常比体质较弱的人更能长时间进行体力活动。这是因为力量素质的增强能够提高肌肉的抗疲劳能力，为长时间运动提供支持。在中长跑、游泳等需要耐久力的项目中，力量与耐力的结合能够显著改善运动表现。

（3）对柔韧和灵敏素质的影响。柔韧性的发展依赖于肌肉的弹性，而弹性又与力量素质密切相关。在进行力量训练时，肌肉的延展性会随之增强，从而促进柔韧素质的提升。同时，灵敏度作为协调性和反应速度的综合体现，也需要力量素质的支持。例如，在快速转向或变速运动中，强健的核心肌群能够提供良好的稳定性和反应能力。

3. 力量素质对运动水平的影响

力量素质的增强对于运动水平的提高有着直接的影响，它直接反映了运动技术掌握的快慢及运动成绩提高的程度。一些运动项目中的高难动作都是以一定的肌肉力量为基础的。在很多运动项目中，力量和爆发力是决定运动成绩的重要因素，如田径运动。除长距离跑的主要影响因素为耐力之外，其他运动项目的高水平运动成绩都与力量素质的发挥紧密相关，尤其在投掷项目中更是如此。

4. 力量素质在运动训练中的指标性意义

在运动训练实践过程中，力量素质是判断运动训练水平的一项重要指标，可以通过大学生的力量素质判断其运动潜力。力量素质还可作为运动选材的依据之一，如在对体操大学生运动员进行运动训练水平判断和选拔大学生运动员时，因为他们在完成各种动作技术的过程中，虽然要借助外力的作用，但是其自身协调用力也占有非常重要的一部分。因此，对力量素质的发展必须给予足够的重视，尤其是速度力量往往作为选拔大学生运动员苗子的重要指标。

在进行一些球类运动时，突然的起动跑、跳跃、传球等都要求大学生具备良好的爆发性力量。因此，在选拔篮球队员和判断运动训练水平时，力量素质的测评是非常必要的。

（四）力量素质训练的影响因素

力量素质训练的影响因素主要包括肌肉的形态结构、人体的生长发育，以及其他相关训练因素（见图5-1）。

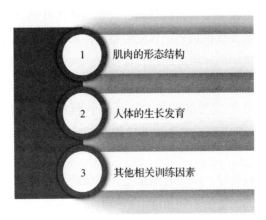

1 肌肉的形态结构

2 人体的生长发育

3 其他相关训练因素

图5-1 力量素质训练的影响因素

1. 肌肉的形态结构

（1）肌纤维的类型。骨骼肌纤维按不同的收缩特性可分为快肌和慢肌两类。快肌产生的收缩力要大于慢肌。因此，在其他条件不变的情况下，机体骨骼肌中快肌纤维百分比越高的人，肌肉收缩力量越大。一般情况下，人体肌肉的快肌纤维与慢肌纤维的百分比构成大致相等。另外，受到遗传因素的影响，一个人肌肉中的白肌纤维或者红肌纤维比例差异较大。同一个人红白肌纤维的比例在不同部位也不同。参加肌肉收缩的主导肌纤维类型在不同负荷以不同动作速度进行运动的条件下也不同。一般规律是，在一定负荷强度下用较慢的速度完成动作，红肌纤维起主导作用，而如果是快速完成动作，则是白肌纤维起主导作用。

（2）肌肉的生理横断面。最大肌肉横断面积指的是横切某块肌肉所有肌纤维所获得的横断面面积。肌肉的生理横断面为该肌肉所有肌纤维横截面的总和。横截面积的大小是由肌纤维的数量及粗细决定的，通常用平方厘米表示。肌肉的生理横断面积决定了该肌肉的绝对肌力。在实验研究中发现，机体在最大用力收缩条件下，每平方厘米横断面积的肌肉可产生 3~8 千克的力。因此，机体中肌肉的最大横断面积越大，肌肉的力量就越大，两者成正比。在力量训练中，虽然肌肉横断面积并不能完全解释机体力量所表现出的所有生理学现象，但是增大肌肉横断面积是提高肌肉力量的有效手段之一。

（3）肌纤维的支撑附着面。肌肉内结缔组织增多，肌腱与韧带组织增粗，都会改变肌肉的附着面大小，对肌肉的收缩力量也会产生很大的影响。

（4）肌肉的初长度。肌肉收缩前的初长度也会影响肌肉力量的大小。因为当肌肉被拉长时，肌梭将感知肌纤维长度变化而产生冲动，会提高肌纤维回缩力来对抗拉力，当长度被拉到一定程度时将引起牵张反射，可提高肌力的发挥效率，所以在一定范围内，肌肉的初长度或者肌肉弹性被拉长后，肌肉收缩时所产生的张力和缩短的程度就越大。有研究证明，一个人力量的大小取决于肌肉的体积。肌肉体积的发展潜力又主要取决于个人的肌肉长度（指肌肉两头肌腱之间的长度）。肌肉的长度是先天遗传的，后天的训练对其并不产生任何影响。

（5）肌肉的牵拉角度。肌肉收缩牵拉骨骼做功是杠杆运动模型。做功时杠杆移动，肌肉在不同位置的不同角度上牵拉力量大小不一样。当负重屈肘弯举时，肘关节角度在 115°~120° 时肱二头肌张力最大，在 30° 时张力最小。在运动中，必须要认真分析对肌肉的牵拉角度，以方便改进技术动作等。

（6）肌肉收缩的形式。肌肉收缩形式不同，对肌肉力量的大小及特点带来的影响也不同。肌肉收缩的形式主要包括动力性离心退让性收缩、动力性向心克制性收缩、等动性收缩、静力性等长收缩等。

动力性离心退让性收缩的特点是肌肉收缩时，张力增加的同时肌肉的长度也增加。动力性向心克制性收缩是力量素质训练的主要形式，其特点是肌肉工作时，肌肉长度逐渐缩短，肌肉在缩短过程中张力随着关节角度的变化也发生改变。等动性收缩的特点是在整个关节活动范围内肌肉始终以某种张力收缩，而收缩速度始终恒定，它能集等长收缩和等张收缩的优点于一身，使训练者的肌肉在各个关节上的用力均衡，并且都具有足够的刺激。静力性等长收缩的特点是张力发生变化，但其肌肉长度基本不变，在整个动作过程中肢体不会产生明显的位置移动。

2. 人体的生长发育

（1）年龄因素。年龄是力量素质的重要影响因素之一。10岁以前，男女肌肉力量都保持缓慢而平稳地增长，两者区别不大。从11岁起，男生的肌肉力量增长比女生要快，男女最大肌肉力量的差异开始明显增大。青春期过后，机体的肌肉力量增长速度降低。13~15岁是力量素质发展的敏感期，最大力量进入快速增长的第一个高峰。16~17岁是最大力量快速增长的第二个高峰，这一时期肌肉横向增长速度加快，最大力量和相对力量增长加快。男生达到最大肌肉力量在20~30岁，女生在20岁左右。40岁以后，人体大部分肌肉力量开始衰退。70岁时，人体大多数肌肉的力量只有其鼎盛时期的30%~60%。可见，年龄是影响人体力量素质的重要因素之一。

总体来说，人体在青少年时期力量增长的特点如下：一是快速力量先于最大力量；二是最大力量先于相对力量；三是长度肌肉力增长先于横度肌肉力；四是躯干肌肉力先于四肢肌肉力。

（2）性别因素。男女性别的差异会造成生理上肌肉力量的差别。通常而言，男性的力量比女性的大。例如，一般成年男性肌肉重量占体重的40%~45%，而女性则占35%。科学研究证明，女性的力量平均约是男子的2/3。但并不是所有肌群都成此比例。如果男性力量为100%，那么女性的前臂屈、伸肌群大约为男性的55%，伸肌、髋关节屈、小腿屈肌、咀嚼肌约为男性的80%，手指内收肌、小腿伸肌约为男性的65%。这是由于人体肌肉力量受到身体内的睾酮调节，正常男性的这种激素比正常女性的多，因此男性的力量一般大于女性。

（3）身高和体重因素。身高和体重也对力量产生重要影响。体重大的人通常力量大，体重小的人则力量也相对要小些。大学生体重与其最大力量比值不变时，如果增长体重，则最大力量也随之增长。

身高与力量的关系比较复杂，必然联系不大。如果身高又壮实，固然力量大，但身矮粗壮，力量也不会小。所以，常常将体重与身高联系起来考虑。

3. 其他相关训练因素

在体能训练中，力量的大小和特性会受到运动训练的重复次数与负荷强度、动作速度、训练方法等许多因素的影响。

（1）重复次数与负荷强度。在训练中，大负荷、少重复会取得较好的训练效果，特别是在肌肉群受到超负荷训练后，力量素质会得到有效的发展；如果重量小，重复次数多，那么主要发展肌肉耐力；如果重量与次数都适中，那么可以明显增大肌肉体积。在重复的训练中，如果每组练习的间歇时间较短，机体消耗的能量得不到恢复就进行下一组的练习，那么机体生理、生化等指标就会下降，肌肉力量的发挥也呈下降趋势；反之，每组练习的间歇时间较长，在机体消耗的能量得到恢复后再进行下一组练习，那么力量的发挥效果就好。如果停止力量训练，力量就会逐渐消退。力量消退的速度大约是力量提高速度的1/3。力量提高快，停止训练后消退也快。长时期逐渐练出来的力量，停止训练后能够保持的时间也比较长。

（2）动作速度。动作速度对力量的发展有着至关重要的作用。例如。练习时既要注意加快单个动作速度，也要注意加快动作的频率（重复若干次数），可以发展一般速度力量；练习时尽量加快动作的速度，尤其是单个动作速度，这样可以有效地发展爆发力。

（3）训练方法。不同的训练方法对力量的大小和特性的影响也不同。等张收缩的动力性练习可以明显提高肌肉的爆发性力量和灵活性，等长收缩的静力性练习主要可以提高静止性用力的力量。

（五）力量素质训练的基本方法

1. 不同类型的训练方法

（1）快速力量的训练。快速力量是速度与力量的综合表现，现代广泛采用发展力量的训练作为提高速度力量的主要途径。实践证明，爆发力是快速力量中非常具有代表性的力量形式，发展爆发力在很多运动项目中都有很大的用途，如篮球、足球、体操等。发展爆发力的训练方法有以下两种：①快速用力法。快速用力法的原理在于，速度的增长就是力量增长的标志。快速用力法有利于培养大学生的速度意识及快速运动反射的传播。快速用力法的练习特征是通过最快的肌肉收缩速度来克服外来力量，以发展爆发力。快速用力法包括小强度快速用力法和中等强度快速用力法。小强度快速用力法的特点是采用30%~60%的强度，练习3~6组，每组重复5~10次，进行专门发展练习，并使练习的结构和肌肉工作方式尽量接近比赛动作。中等强度快速用力法的特点是采用70%~85%的强度，用最大速度练习4~6组，每组重复3~6次，这种方法对提高肌肉力量的爆发性有非常明显的作用。在很多运动项目中，爆发力的大小都直接影响着运动成绩。因此，可采用这种方法发展爆发力。另外，也可安排负荷较小但快速完成的练习。②超等长练习法。超等长练习实际上是结合了肌肉的退让和克制的训练方法，主要的生理机制是当肌肉被拉得超过自身的正常长度时，肌肉出现牵张反射，即强大的克制性收缩，从而产生有效的爆发力。在进行此训练时，肌肉要先做退让工作，并且肌肉被极度拉长，然后再尽快转入克制工作。它的主要目的在于使纯力量转变成爆发力。

（2）最大力量的训练。发展最大力量的训练方法有很多种，如重复法、强度法、极限强度法、退让练习法、静力性练习法等。①重复法。重复法的负荷特征是以75%~90%的强度进行练习，每组重复3~6次，每组间歇3分钟，负重量的大小应随肌肉力量的增加而逐渐加大。训练时增加试举重量和重复次数就可以判断力量是否增加了，因此只要检测大学生在规定的时间内是否增加了重复次数，如果重复次数增多，则说明力量增加了，应适当增加负荷量。②强度法。强度法的特点是以大的、亚极限和极限重量（85%~100%的强度）训练，训练时逐渐达到用力极限，以后继续使用对体力来说是强的、中上的和中等强度的负荷量，直到对这种刺激产生劣性或接近劣性反应时为止。③极限强度法。极限强度法由保加利亚功勋教练阿巴杰耶夫所创。这种方法的显著特点是非常突出强度，几乎每周每天每项都要求达到、接近甚至超过本人当天最高水平，然后减10千克做两组，再减10千克做两组……即开始时递增重量，直至当天最大重量，再递减重量。在计划规定的时间内要求组数越多越好，组与组之间的间歇以能休息过来为准，整个训练全年的安排一般不做大的调整和变动。④退让练习法。退让练习法又叫离心收缩法，它与克制性训练方法正好相反，不是肌肉在被拉长时收缩，而是在收缩的同时或收缩后被更大的外力拉长，肌肉的起止点被分离。安排退让练习要注意以下四点：一是要结合退让练习与克制性练习。二是必要时可采用特殊装置进行练习。三是由于退让练习强度大，因此训练时尽量放松。四是可采用与克制性练习相同的项目进行退让练习，强度可采用 80%~120% 的重量。如果用跳深练习发展腿部力量，可负小重量进行。⑤静力性练习法。静力性力量练习是肌肉在紧张用力时其长度不发生变化的力量练习。静力性力量练习不仅对提高最大力量具有很大的作用，还可以发展静力性力量和静力性耐力，如举重的支撑动作。生物学研究证实，静态力量是动态力量（包括快速力量）的基础。静力性练习正是发展静态力量的有效手段之一。静力性力量练习时应注意以下两点：一是静力性练习要与动力性练习相结合，并与技术动作相一致；二是进行极限用力，然后在短促呼吸与短促憋气交替中完成练习。

（3）力量耐力的训练。力量耐力是力量素质和耐力素质的综合素质，它是在静力性或动力性工作中长时间保持肌肉工作能力而不降低工作效果的能力。具有静力性力量耐力性质的运动项目很多，典型的有射箭、射击、举重的支撑、速滑中的上体姿势，以及吊环的十字支撑等。要求动力性力量耐力的运动多数集中在田径、球类、游泳和体操等项目中。根据肌肉物质交换的关系，如果要发展一般力量耐力，可采用极限用力的等动训练法、极端用力法和负荷强度较低的静力性练习法（静力性练习法详见"最大力量的训练"部分）：①等动训练法。等动训练法即等动力练习法，它是利用一种专门器械（等动练习器）进行力量训练的方法。这种专门器械的基本结构是在一个离心制动器上连接一条尼龙绳。拉动尼龙绳时的力量越大，由于离心制动作用，器械所产生的阻力就越大。所以，器械所产生的阻力总是和用力大小相关。从肌肉用力形式来看，等动练习似乎属于克制性工作，但实际上等动练习与纯粹的克制性工作并不相同。克制性练习时，肌肉在收缩过程中张力要发生改变，而等动练习时，肌肉一直以某种张力进行收缩，并且收缩速度始终恒定。因此，等动训练法并不等于肌肉克制性工作。②极端用力法。极端用力法要求训练时做极限数量的重复，即每组试举允许重复 10~12 次这一最大值，直到完全不能做为止，即使参加训练的肌肉再也不能收缩，肌肉越来越疲劳，需要从大脑皮层发出补充的神经冲动去激发新的运动单位。这样才能把每块肌肉充分调动起来，并去激发新的肌群兴奋过程的扩散。

2. 不同部位的训练方法

（1）颈部力量素质训练方法。颈部力量素质训练主要是静力性对抗训练和负重训练，具体训练方法主要分为以下四种：

第一，头手倒立。头手倒立训练法主要是发展颈部肌肉力量素质。要求大学生在墙壁前缓慢屈臂呈头手倒立状，两手主要起维持平衡的作用，两脚轻轻靠放在墙壁上，以头支撑体重，坚持尽可能长的时间。训练中要注意，在练习初期阶段应有同伴保护。为了增强练习效果，双脚可离开墙壁。

第二，背桥练习。背桥练习时，以脚和头着地支撑于地面，采用仰卧或俯卧姿势，腰腹部向上挺起，两手置于胸腹部，使身体反弓呈"桥"状或腹部向下，以额头（或头顶）和脚趾支撑于地面，臀部上提呈"桥"状。训练中要注意，练习前颈部应做好准备活动。颈部力量增强时，可在腹部或臀背部负重，增强训练效果。

第三，双人对抗。两人一组，同伴站在练习者身后，将合适的带子或毛巾围在练习者的前额，同伴一手拉住毛巾两端，一手扶在练习者的肩胛骨，肘关节伸展。练习者两脚站稳，上体固定，向前向下低头，对抗同伴向后拉毛巾的力量。牵拉头部的带子或毛巾可以围在练习者头的前、后、左、右不同部位，练习者从不同方向进行对抗练习，使颈部肌肉得到全方位的训练。训练时要注意，同伴拉毛巾的力量应与练习者的颈部力量相适应，反复进行，使颈部肌肉得到锻炼。

第四，负重训练。负重训练主要目的在于发展大学生的颈部肌群力量素质。大学生在进行颈部负重练习时，可用一根绳子将重物悬挂在头上，两脚自然开立。上体前倾，背部挺直，两手分别支撑于膝关节的上部。按照不同的方向有节奏地活动颈部。使颈部前、后、左、右的肌群都能得到全面锻炼。训练时要注意，在训练初期可制作专门的头套，以保护头部不受伤害。

（2）肩部力量素质训练方法。肩部力量训练主要是针对肩部肌群力量素质的训练，特别是锁骨末端的三角肌的力量素质训练。肩部三角肌前部、侧部以及后部共同围绕起来在肩部形成一个圆球。专门的力量训练能使机体的整个三角肌得到全面的发展。训练方法主要有以下六种：

第一，颈前推举。颈前推举主要目的是发展三角肌前束和斜方肌的肌力。具体可采用直立姿势或坐姿，两手握杠铃同肩宽，握杠于锁骨处，手臂垂直向上伸直推起。训练时要注意，杠铃的重量可根据练习者的具体情况进行选择，在训练过程中可逐步增加重量，以免对机体造成损伤。

第二，颈后推举。颈后推举主要目的是发展三角肌后束、冈上肌和肱三头肌的肌力。两手握杠铃，约同肩宽，垂直上举至手臂伸直。训练中要注意的事项同颈前推举。

第三，头上推举。头上推举主要目的是发展三角肌、斜方肌、肱三头肌和前锯肌等肌群的力量素质。两脚自然站立，约同肩宽，两手各握哑铃，屈肘将哑铃置于肩上，两手正握哑铃，握距同肩宽，提铃至胸，或将哑铃快速推举至头上方，慢慢返回原位。训练时要注意，练习重量应逐渐增加，训练过程中应注意快举慢放。

第四，直臂前平举。直臂前平举主要目的是发展三角肌和斜方肌的力量素质。练习者自然站立（也可采用坐姿），上半身挺直，两臂伸展正握杠铃，下垂于两大腿前。直臂前平举，快上慢下，返回原位，反复训练。训练时要注意，训练所选用的器械可采用杠铃、哑铃或者壶铃。握器械的方法可以采用正握法和反握法。

第五，直臂侧平举。直臂侧平举主要目的是发展三角肌和斜方肌的力量素质。练习者自然站立（也可采用坐姿），上半身挺直，两手各持哑铃垂于体侧，两臂伸直侧平举，快上慢下，还原成预备姿势后反复进行。训练中要注意的事项同直臂前平举。

第六，侧斜卧侧平举。侧斜卧侧平举主要目的是发展三角肌中束的肌力。练习时，肘关节保持100°~200°的弯曲，两侧交替进行，以利于三角肌中束的用力。

（3）臂部力量素质训练方法。臂部力量素质训练方法主要有以下五种：

第一，仰卧撑。俯卧撑训练主要用于发展肱三头肌、三角肌、背阔肌等肌群的力量素质。训练方法为仰卧，两臂伸直，撑在约50厘米高的台上，屈臂，背部贴近高台，然后快速推起两臂伸直，连续做10~15次。训练时要注意，在经过一段时间的训练后，可将双脚抬高或负重以加大训练难度。

第二，坐姿弯举。坐姿弯举主要用于发展肱二头肌的力量及前臂肌群的力量素质。两腿自然分开，坐在凳端，一手握哑铃，另一手掌置于持哑铃手侧的膝关节上部，握哑铃的手臂充分伸展，将肘关节的上部置于膝关节处另一侧的手背上，上臂固定，慢速屈肘至胸前，然后再有控制地下放哑铃还原成预备姿势，反复训练。训练时要注意，训练采用的器械还可以是杠铃、壶铃和其他便于持握的重物。要求训练时两臂交替进行，负荷重量以能完成 10~12 次为宜。

第三，坐姿腕屈伸。坐姿腕屈伸主要目的是发展手腕肌肉群的力量素质。训练方法是坐于长凳上，双脚置于地面，双脚间距略宽于肩，上体前倾，把前臂放于大腿或长凳上，正握杠铃，腕关节被动屈曲，向后弯举腕关节，还原成开始姿势，反复练习。训练中要注意，动作速度要缓慢，动作上下幅度尽量最大。

第四，站立屈臂举。站立屈臂举主要用于发展肱二头肌和前臂肌群的力量素质。具体方法为两脚自然站立，两手反握杠铃，两臂伸展杠铃位于体前，两手握距可宽可窄。固定两肘，慢速屈臂将杠铃上举至胸前，然后有控制地慢慢放下杠铃，还原成预备姿势，反复训练。训练时要注意，训练采用的器械还可是壶铃、哑铃等，持握方法可采用正握、反握和锁握。

第五，手腕屈伸负重训练。手腕屈伸负重训练主要目的是发展手腕和前臂肌群的力量素质。采用坐姿，两手反握杠铃或哑铃，前臂分别贴在两大腿上，手腕伸出位于膝关节外。手腕围绕额状轴以尽可能大的动作幅度上下旋转，手腕卷曲幅度尽量大，或者采用掌心向下的正握杠铃方法进行手腕旋转运动练习。训练时要注意，可用哑铃进行，也可单手握短棒的一端，另一端负重，要求手腕向上仰起、放下或手腕做旋转动作。

（4）胸部力量素质训练方法。发展胸部力量素质的方法很多，有徒手练习，也有器械训练。在训练实践中，任何下肢高于上体的斜板卧推和飞鸟动作都有助于发展胸大肌下部力量素质。具体训练方法如下：

第一，俯卧撑。俯卧撑能够有效强化胸大肌和肱三头肌的力量素质。训练时，手掌撑地，双手间距略宽于肩，身体保持平直，通过双臂屈伸完成动作。在力量水平提高后，可通过增加难度来增强训练效果，比如将双脚放置于高台，或者在背部增加负重。在训练过程中，应注意动作的标准性，确保身体保持稳定，避免出现塌腰或动作变形。此外，在练习时尽可能加大屈伸幅度，以达到最佳的肌肉刺激效果。

第二，仰卧扩胸。仰卧扩胸是一种借助器械进行的力量素质训练，主要针对胸大肌和三角肌的力量素质发展。练习时，需仰卧在凳子或垫子上，双手各持哑铃，两臂伸直与身体呈"十"字形，将哑铃从身体两侧慢速举至胸部上方，再缓慢还原至起始位置。动作的节奏要平稳，尤其是在下放哑铃时应保持对动作的控制，以避免惯性影响训练效果。初学者可以从较轻的哑铃开始练习，逐渐增加重量，以适应肌肉强度的提升需求。

第三，颈上卧推。颈上卧推是一种通过杠铃或哑铃进行的力量素质训练，主要针对胸大肌上部、肱三头肌和三角肌的力量素质发展。训练者仰卧于卧推架上，采用宽握、中握、窄握三种握距，根据个人需求调整动作的发力重点。将器械缓慢下放至颈根部，随后用力推举至双臂完全伸直。练习时需根据个人力量水平选择合适重量，避免负荷过重导致训练失败或运动损伤。此外，在推举过程中，应保持肩部稳定，确保动作的流畅性和准确性。

第四，斜板卧推。斜板卧推主要针对胸大肌下部力量素质的强化训练。训练者仰卧于斜板上，脚置于高于头部的位置，双手宽握杠铃，缓慢将其下放至胸部中间位置，随后迅速推起至完全伸直。训练中需要注意肘关节的外展角度，通常与身体呈 90°，以确保动作的标准性。选择适中的负荷可以保证训练的安全性和有效性，同时避免因重量过大导致疲劳过度。

第五，胸大肌练习。胸大肌专项训练通过机械辅助进行，适合不同体能水平的训练者。训练者坐于专用训练器械椅上，双手握住横把，通过推拉动作强化胸部肌群。在练习过程中，需要注意保持上半身挺直，避免因姿势不正确导致训练效果不佳。机械训练的负荷可根据个体力量水平调整，初学者可选择较低阻力，之后逐步提升。

（5）腹部力量素质训练方法。腹部力量素质训练的重点是发展腹外斜肌、腹内斜肌、腹直肌和髂腰肌力量素质，充分利用腹肌的收缩来缩短骨盆底部至胸骨间的距离。具体训练方法如下：

第一，半仰卧起坐。半仰卧起坐主要目的是发展腹直肌上部力量素质。具体训练方法为，平躺地上或练习凳上，两手持杠铃片置于头后，两足固定，上体向前上方卷起，同时两膝逐渐弯曲，用力吸气，放松呼气，收缩时停 2 秒钟，也可将负重物放在胸前上部进行训练。训练时要注意，背下部和髋部不能因上体抬起而离开地面或练习凳。

第二，仰卧起坐。仰卧起坐主要目的是发展腹直肌、髂腰肌的力量素质。具体训练方法为，仰卧在凳上或斜板上，两足固定，两手抱头，然后屈上体坐起，再还原，一次做 10~15 个，也可两手于颈后持杠铃片或其他重物负重训练。训练时要注意，收缩腹部，胸部尽量紧贴膝盖。

第三，仰卧举腿。仰卧举腿主要目的是发展腹直肌、腹外斜肌和骶棘肌的力量素质。具体训练方法为，仰卧于垫子上，两脚并拢，两腿伸直，双手置于头后，或仰卧于斜板上，上体位于高端，两手抓握板端，身体伸展，两腿伸直双脚并拢，慢速上举，腿与上体折叠，脚尖举至头后，然后慢速还原成预备姿势，也可在踝关节处负重训练。训练时要注意，腿上举时不要屈膝，还原下放时不能放松，应有控制地下落。

第四，悬垂举腿。悬垂举腿主要目的是发展腹直肌、腹外肌、髂腰肌和两手的握力。具体方法为，两手握距与肩同宽或稍宽于肩，正握单杠，两臂伸展，下肢自然放松，身体悬垂，然后依靠收腹的力量直腿上举，使脚腕触及单杠后再返回原位，反复练习。刚开始练习时，腹肌差者可稍屈膝。为了增强训练效果，可在脚腕上负重练习。训练时要注意，举腿速度均匀，放腿速度缓慢，应有控制地下放，不能利用摆动力量，以免引发腰疼。

第五，支撑举腿。支撑举腿主要目的是发展腹直肌、腹外斜肌和髂腰肌的力量素质。两手直臂撑在双杠上，下肢放松，身体伸展，两腿伸直，双脚并拢，收腹举腿至水平位，与上半身呈直角，然后放下双腿，还原成预备姿势，反复练习。为了增强练习效果，可在脚腕处负重训练。训练时要注意，直膝向上举腿，举腿速度均匀，注意放腿动作不要放松，应有控制地下放。

（6）背部力量素质训练方法。背部力量素质训练的目的是充分发展人体的背阔肌、大圆肌、斜方肌、冈下肌、小圆肌、前锯肌以及骶棘肌等肌群的力量素质。大学生在训练过程中应做到动作准确，使肌肉充分收缩，以充分发展背部力量素质。具体训练方法如下：

第一，持铃耸肩。持铃耸肩主要目的是发展斜方肌力量素质。具体训练方法为，身体直立，正握杠铃，然后以肩部斜方肌的收缩力使两肩胛向上耸起（肩峰几乎触及耳朵），直至不能再高时为止，然后还原，反复训练。训练时要注意，耸肩的高度应结合个人情况，尽可能高。

第二，直腿硬拉。直腿硬拉主要目的是发展骶棘肌、斜方肌、背阔肌、股二头肌、半腱肌、半膜肌、大收肌等伸展躯干和伸髋的肌肉力量素质。具体训练方法为，两腿伸直站立，上体前屈，挺胸紧腰，两臂伸直，用宽握距或窄握距握住杠铃，然后伸髋、展体，将杠铃拉起至身体挺直，还原后重新开始，反复练习。训练时要注意，上拉时应注意收紧腰背肌群，杠铃靠近腿部。

第三，卧抬上体。卧抬上体主要目的是发展伸脊柱的肌群（低棘肌）、臀大肌、股二头肌等肌肉的力量素质。另外，它对发展背肌也有理想的效果。在同伴协助下，俯卧于台面或长凳上，上体从一端探出，两手置于头后屈身向下，快速用力向后向上抬上体，然后有控制地慢速还原成预备姿势，反复进行。为了增强练习效果，可在颈后负重进行训练。训练时要注意，训练过程中上体保持水平，紧靠体侧上拉，肘部不要外翻。

第四，俯卧上拉。俯卧上拉主要目的是发展背阔肌、斜方肌、三角肌的力量素质。练习者可俯卧在练习凳上，两臂悬空持杠铃（也可采用哑铃和壶铃），两臂同时将杠铃向上提起稍停再还原，反复进行。训练时要注意，训练开始时两臂注意保持水平。

（7）腿部力量素质训练方法。腿部是机体运动的最重要的部位之一，腿部力量是机体从事其他常见运动项目的基础。腿部力量素质训练方法具体如下：

第一，纵跳。纵跳主要目的是发展伸膝和屈足肌群力量素质及弹跳力。具体训练方法为，身穿沙背心，带沙护腿，呈半蹲姿势，两脚蹬地起跳，两臂上摆，腿充分蹬伸，头向上顶，缓冲落地后继续做，连续练习10~15次，也可悬挂或标出高度目标，以两手触摸标志线或物体进行练习。训练时要注意，动作协调，负重以10~15千克为宜。

第二，蛙跳。蛙跳主要目的是发展下肢爆发力及协调用力。训练方法为，身穿沙背心，带沙护腿（也可不负重），全蹲，两脚蹬地，腿蹬直向前上方跳起，腾空后挺胸收腹，快速屈腿前摆，以双脚掌落地后不停顿地连续做6~10次。训练时要注意，尽量快速起跳，身体充分伸展开，可逐渐增加远度要求。

第三，跳深。跳深主要目的是发展伸膝、屈足肌群和腹肌的力量素质。练习者先将5~8个高度为70~100厘米的跳箱盖纵向排好，每个跳箱盖横放，间距均为1米。练习者面对跳箱盖并腿站立，双脚同时用力跳上跳箱盖，紧接着向下跳，落地后立即跳上第二个跳箱盖，紧接着再向下跳，落地后立即跳上第三个跳箱盖，连续跳上跳下20~30次，也可在有沙坑的高台处做该练习。训练时要注意，跳上跳下的动作之间不得停顿。

第四，下蹲腿后提铃。下蹲腿后提铃主要目的是发展股四头肌、臀大肌和腰部肌群的力量素质。两脚自然开立下蹲，杠铃紧贴脚后跟处放置，两手正握杠铃，握距同肩宽，两臂和背部充分伸直，蹲起直臂提铃，呈站立姿势，挺胸直背，杠铃处于臀部，然后还原成预备姿势，反复练习。训练时要注意，练习过程中不能弯腰，背部挺直。

第五，负重深（半）蹲跳。负重深（半）蹲跳主要目的是发展伸膝和伸髋的肌肉群（如股四头肌、股二头肌、小腿三头肌和臀大肌等）的力量素质。双脚左右自然开立，肩负杠铃，双手正握杠铃扛于颈后，躯干挺直，屈膝半蹲快速蹬伸，膝踝充分伸展，向垂直方向跳起，落地时保持半蹲（半蹲跳）或深蹲（深蹲跳），紧接着快速蹬伸跳起，反复练习。训练时要注意，落地时踝关节保持适度的紧张，跳起腾空后下肢肌群尽量放松。

第六，下蹲起立。双脚开立，双脚间距为肩宽，两臂伸直于体侧，两手分别持杠铃，吸气，轻度挺胸收腹，下蹲至大腿与地面平行位置，返回起始位置，动作完成时呼气。训练中要注意，抬头直视前方，身体直立。

（8）臀部力量素质训练方法。臀部力量素质的提升是许多运动项目中至关重要的一部分，不仅能够改善下肢力量，还能增强整体身体协调性和稳定性。在训练实践中，发展臀部力量的方式多种多样，既可以通过徒手练习，也可以借助专业器械进行强化。以下四种方法能够有效帮助提升臀部肌肉力量：

第一，负重弓步。负重弓步是一种经典的下肢力量素质训练动作，对臀大肌的刺激尤为显著。练习时，双腿呈弓步姿势站立，双手持杠铃片或哑铃，自然下垂放于身体两侧，向前迈出弓步腿，使大腿与地面平行，后腿尽量保持伸直状态，身体保持正直。完成一次动作后，返回起始姿势并交替进行。这个动作在训练过程中需要注意保持稳定性，避免因重心不稳导致动作变形。此外，根据个体力量水平，可以适当调整负荷重量，以确保动作既具有挑战性又安全。

第二，站立直腿后拉。站立直腿后拉通过模拟腿部后拉的动作强化臀部肌群力量素质。训练时，背对训练机站立，双腿前后分开，脚尖略宽于肩，将拉力器的套扣套在踝关节处，一腿向后用力拉至最大幅度，另一腿保持直立支撑，身体稍微前倾，完成后换腿重复动作。在这一过程中，稳定性尤为重要，支撑腿需尽量保持直立，避免做动作过程中出现摇晃。同时，动作幅度应逐渐增大，但不可超过身体能力范围，以防拉伤。

第三，俯卧背屈伸。俯卧背屈伸主要针对臀大肌的孤立训练，能够显著增强臀部力量素质。训练者俯卧于训练机垫上，双腿并拢伸直，双手自然放置于两侧，通过臀部肌肉的主动发力，将双腿向上抬至动作的最大幅度，保持 2~3 秒后缓慢还原。在训练过程中，需确保动作始终由臀大肌主导完成，避免借助其他部位力量。为了进一步提升训练效果，练习者可以在动作控制上更加精细，如增加动作保持时间或者延长慢放阶段的时间，从而更深层次地激活臀部肌肉。

第四，侧卧侧摆腿。这是一种针对臀中肌和臀小肌的训练方式，能够有效提高侧向稳定性。训练者侧卧于长凳或垫子上，双腿并拢伸直，双手扶住凳边以保持平衡，外侧腿向上抬至动作的最大幅度，停留 2~3 秒后缓慢还原。在整个过程中，动作的节奏需要保持缓慢而稳定，避免借助惯性完成抬腿动作。同时，腿部始终保持伸直，以确保臀中肌和臀小肌得到充分锻炼。这种练习对提升跑步、跳跃等运动中的侧向控制力具有重要作用。

二、速度素质训练方法

速度素质包含许多种类，下面选择其中最有代表性的移动速度来进行训练方法的说明。

移动速度在某种意义上说，是一种综合运动能力的表现，是速度素质中最为重要的一项，它在多种运动中也有着突出的体现。移动速度与青少年的力量、柔韧、速度、耐力和灵敏素质都有着密切的联系。速度素质训练可从发展力量和发展步频、步长这两个方面入手。

（一）发展力量练习法

提升移动速度离不开多种身体素质的协同发展，其中力量素质在这一过程中占据了重要地位。力量训练是提高速度能力的基础途径之一，其核心目标在于通过力量的增强来优化移动速度，从而在实际运动中有更高水平的表现。在进行力量训练时，应遵循科学性与系统性的原则，并注意以下七点，以确保训练效果和安全性。

1. 全面发展力量素质

力量训练应以促进学生力量素质的全面均衡发展为基本原则。肌肉的协同作用是快速移动的基础，因此训练过程中不能片面关注某一局部肌群的强度增长，而应同时兼顾上下肢、核心区域的力量发展。例如，设计训练计划时，可以结合下肢力量的深蹲训练与核心力量的平板支撑训练，以确保学生在提升速度的同时具备全身协调能力。全身肌群的平衡发展不仅有助于提高效率，还能减少因肌肉力量不均衡而导致的运动损伤风险。

2. 结合速度与负重进行练习

在力量训练中，为促进速度能力的提升，应注重结合速度与适当负重的重复性练习。青少年可以通过负重跑、加速跑等训练方式增加运动强度，同时提升肌肉的爆发力和快速收缩能力。负重的设置需合理控制，过重可能导致动作变形，影响训练效果，而过轻则难以达到刺激肌肉的目的。在训练中，保持动作节奏的快速性，配合适当的负重设备，如负重背心或轻量哑铃，可以更有效地促进移动速度的提升。

3. 注重安全性与科学性

力量训练在提升速度能力的同时，也需要高度重视安全性和科学性。青少年在训练过程中需掌握正确的动作技术，避免因操作不当导致关节和肌肉损伤。教师或教练应在训练开始前详细讲解动作要领，并在训练过程中密切关注学生的状态，及时纠正错误动作。此外，还需帮助青少年建立自我保护意识，如在负重训练中引入辅助设备或搭配安全保护措施，确保学生能够在可控的环境中安全高效地完成训练。

4. 合理设置强度与重复次数

发展基本力量时，应采用适中的强度和快速的重复练习，以刺激肌肉力量增长和肌肉体积的增加。一般建议力量训练的强度控制在 40%~60% 的范围，通过多组短时间高频率的练习，如弹力带抗阻练习或轻量杠铃的高次数训练，帮助学生增强肌肉力量。这种训练方法不仅能够显著提升肌肉横断面积，还能提高肌肉的快速收缩能力，为速度提升奠定基础。

5. 聚焦速度力量的发展

速度力量是力量素质的重要组成部分，其提升对移动速度的改善尤为关键。在力量训练中，可重点采用超等长练习来发展速度力量，如立定跳远、单足跳台阶或跳深训练。这些练习能够强化学生下肢的爆发力和反应能力，增强对地面冲击力的控制能力。同时，通过这种高强度短时间的练习，还可以改善肌肉纤维的活跃程度，使肌肉能够更高效地完成快速移动所需的动作。

6. 结合不同类型的力量练习

力量训练的多样化是提升效果的重要手段。根据不同的需求和目标，可以结合静力性力量训练（如等长收缩训练）与动力性力量训练（如等张收缩训练），全面提升肌肉适应能力。例如，在跳深练习中，通过肌肉的快速拉长和收缩，可以有效提高下肢肌肉的弹性能力和力量输出效率。结合动态和静态练习，可以在不同维度上对青少年的力量素质进行全面提升。

7. 配合适当的恢复与营养支持

在力量训练的过程中，肌肉会受到一定的刺激和消耗，因此合理的恢复和营养补充至关重要。在每次训练结束后，可以引入拉伸和放松练习，缓解肌肉紧张状态，促进血液循环。同时，营养摄入方面需注重高蛋白食物的补充，以帮助肌肉组织修复和增长。此外，保持充足的睡眠时间也有助于提升肌肉的恢复效率，为下一次训练做好准备。

（二）发展步频、步长练习法

通常而言，步频和步长是影响移动速度的两个主要因素，其主要在跑动较多的运动项目中有较好的体现。只有将频率较快的步伐速度和每一步的较大步幅相结合，才能够在跑动中表现出出色的移动速度。

而决定步长和步频的共同因素则是力量的协调性。其中，影响步频的因素有肌纤维类型和神经系统灵活性等，影响步长的因素有柔韧性、灵活性、腿长等。灵活性和柔韧性都可以通过后天的练习获得提高，而腿长、肌纤维类型、神经系统灵活性则主要取决于遗传。所以，如果一个青少年的步频较慢，要想提高移动速度则采取的最有效措施就应该是加大步幅。

三、耐力素质训练方法

基于不同的标准，可对耐力素质进行不同类型的分类，详情如表 5-1 所示。

表 5-1　耐力素质的类型

耐力素质的分类标准	耐力素质的类型
按运动时间分类	短时间耐力、中等时间耐力、长时间耐力
按氧代谢方式分类	有氧耐力、无氧耐力、有氧与无氧混合耐力
按肌肉工作方式分类	静力性耐力、动力性耐力
按身体活动分类	身体部位的耐力、全身的耐力
按运动项目耐力分类	一般耐力、专项耐力

（一）耐力素质的分类

不同的运动项目对机体体能的要求不同，而耐力素质作为体能素质中重要的身体素质之一，在各种运动项目中同样有着自己不同的特征和标准。机体耐力素质可以按照不同标准进行分类。

1. 按运动时间分类

（1）短时间耐力。通常将运动持续时间在 45 秒至 2 分钟的项目所需的耐力称为短时间耐力。完成这类运动项目所需的能量大多是通过机体的无氧代谢过程来提供的，在这些运动过程中，短时间产生较高的氧债。而这类运动的运动成绩受机体力量与速度耐力素质的影响较大。

（2）中等时间耐力。通常将运动持续时间在 2~8 分钟的运动项目所需的耐力称为中等时间耐力。完成这类运动项目的负荷强度一般要比长时间的耐力项目的负荷强度要大。通常机体在运动过程中，氧不能完全满足机体的运动需要，会在运动过程中产生一定的氧债。造成这种情况的原因是无氧系统与运动速度成正比的关系。例如，相关研究证实，在 1500 米跑的运动过程中，无氧系统的供能几乎可以达到总供能的 50%，而在 3000 米跑的运动过程中无氧系统的供能只能占到总供能的 20% 左右。这也就说明了在运动中机体对氧的吸收和利用的能力可以对机体的运动能力产生直接的影响。

（3）长时间耐力。通常将运动持续时间超过 8 分钟的运动项目所需要的耐力称为长时间耐力。这类运动项目的整个过程都是由氧系统进行供能的，对机体的心血管和呼吸系统进行高度动员。通常在此类运动过程中，运动员的心率可达到 170~180 次 / 分钟，心输出量为 30~40 升 / 分钟，脉通气量可达到 120~140 升 / 分钟。

2. 按氧代谢方式分类

（1）有氧耐力。机体在氧气供应充分的情况下，坚持长时间运动的能力。机体的有氧代谢能力是机体对氧气的吸收、运输和利用能力的综合表现。机体想要提高自身输送氧气的能力，就必须进行一定的有氧耐力训练。只有这样才能提高机体的新陈代谢能力，增强承受运动负荷的能力。例如，大多数的球类运动项目和田径运动中的马拉松、越野跑、长跑、长距离竞走等长时间运动项目都需要有较高的有氧耐力水平。

（2）无氧耐力。机体在氧供应不足的情况下，坚持长时间运动的能力。一般情况下，无氧耐力运动项目的氧供应很难满足机体的运动需要，机体会在无氧条件下进行运动，产生较大的氧债，而这类运动所产生的氧债一般都需要在运动结束后才能得到偿还。因此，机体进行无氧耐力练习的主要目的是提高自身抗氧债运动的能力。而在无氧耐力中，还可以将其分为非乳酸供能的无氧代谢和乳酸供能的无氧代谢两种形式。

（3）有氧与无氧混合耐力。一种介于有氧耐力和无氧耐力之间的特殊耐力。进行此类运动时，机体的有氧和无氧代谢同时参与供能，通常运动的持续时间长于无氧耐力而短于有氧耐力。例如，拳击、摔跤、柔道、跆拳道等对抗性项目，以及田径运动中400米、400米栏和800米等项目，都是需要有氧与无氧混合耐力的。

3. 按肌肉工作方式分类

（1）静力性耐力。指肌肉在维持固定姿势或长期静止状态下克服疲劳的能力。这种耐力主要体现在长时间的静力性动作中，如射击和射箭时保持稳定的瞄准姿势，举重中的支撑动作，以及吊环运动中的十字支撑。这类运动对身体的稳定性要求极高，需要通过长期训练来增强肌肉的静力性耐受能力，从而确保运动员在做动作过程中能够保持姿势的精确性和稳定性。

（2）动力性耐力。指肌肉在持续的动态运动中对抗疲劳的能力。这种能力常见于长时间的循环性运动项目中，如长跑、游泳和滑雪等。这类运动需要肌肉反复完成收缩和舒张的动作，同时保持一定的力量输出。因此，动力性耐力是提升耐久性和运动表现的关键要素。在训练过程中，结合中低强度的长时间训练方法可以有效提升动力性耐力，进而延长运动员在动态运动中的表现时限。

4. 按身体活动分类

（1）身体部位的耐力。指某一特定身体部位在长时间运动中抵抗疲劳的能力。这种能力主要集中于上肢或下肢的特定肌群。例如，在进行较长时间的重复力量训练后，某些肌群可能会产生酸胀或疲劳感，而这种部位特异性的抗疲劳能力就反映了局部耐力的水平。在体能训练中，局部耐力的提升通常依赖于基础耐力的发展。当机体整体耐力水平提高时，各部位肌肉的抗疲劳能力也会随之增强。因此，局部耐力的训练需要与整体性训练相结合，以实现全面发展。

（2）全身的耐力。指整个身体在长时间运动中综合抗疲劳的能力。它涉及多个身体系统的协同作用，包括心血管系统、呼吸系统以及肌肉系统的共同配合。全身的耐力不仅能反映出身体机能的整体水平，还决定了运动员在长时间、高强度运动中的表现能力。通过系统性的有氧训练，如长距离慢跑、骑自行车和划船等，可以有效提高全身的耐力，从而提升运动员的整体竞技水平。

5. 按运动项目耐力分类

（1）一般耐力。指机体在多肌群、多系统参与下长时间持续工作的能力。

这种耐力通常被认为是各种身体素质的基础，无论运动项目的特点如何，拥有良好的一般耐力对于满足训练需求至关重要。例如，在训练过程中，良好的一般耐力可以帮助运动员更高效地完成基本训练任务，为专项训练提供坚实的体能保障。同时，一般耐力是不同形式耐力的综合体现，不同运动项目对其要求也有所差异。因此，在进行一般耐力训练时，需要充分考虑其与专项耐力的相互关系。例如，长跑运动员在提升一般耐力的同时，还需结合中长跑的专项需求进行针对性训练，以便将一般耐力的提升直接转化为专项能力的增强。

（2）专项耐力。指机体为了获取专项成绩，最大限度地动员机能能力，克服专项负荷所产生的克服疲劳的能力。专项耐力会根据运动项目的不同而表现出不同的特点。例如，短距离跑、蹬自行车等项目的专项耐力需要保持较长时间高速度的速度能力，举重、摔跤、拳击、体操等项目的专项耐力需要有力量耐力和静力性耐力；球类项目的专项耐力需要有在较长时间内保持带有大量极限强度动作（快速移动、进攻、防守、打击）的抗疲劳能力。通常而言，面对专项耐力的训练，机体会承受较大的训练量和负荷强度，并且会随着不同训练阶段的变化而使身体训练、技术训练的负荷总量有规律地增长。在专项耐力的训练过程中，机体还会建立一定的专项耐力储备，促使机体更好地完成专项训练任务。

（二）耐力素质的评价指标

机体的耐力素质在众多体育运动项目中占据着重要的地位，对这些项目的运动成绩具有极为重要的影响。而对耐力素质的评价，可以通过一定的评价指标来进行。例如，一般耐力的评定指标通常是以机体持续完成运动的时间或距离来进行评定的，常用的方法是耐力跑的时间或12分钟跑的距离；有氧耐力通常以个人的最大吸氧量和无氧阈为评定指标；无氧耐力一般以无氧运动的成绩结合血乳酸浓度的变化为评价指标来加以评定；肌肉耐力是依据肌肉完成规定强度的练习次数、平均做功能力或者表面肌电信号、平均功率、频率变化、斜率等物理和生理指标进行检测与评价的。需要指出的是，这些评价指标也会随着耐力的不同分类而发生一些变化。

（三）耐力素质发展的敏感期

通常情况下，耐力素质发展的敏感期如下：男子为10~20岁，女子为9~18岁。由于耐力素质取决于有氧供能系统和无氧供能系统的机能状况，因此耐力发展敏感期与最大吸氧量、心脏循环率、肺的扩张能力、大脑血液循环的动力学特征及血液成分的机能状况等因素有关。

1. 有氧耐力

女性在9~12岁有氧耐力指标出现较大幅度的增长，而当进入性成熟期2年后（14岁以后），有氧耐力水平呈逐步下降的趋势，16岁以后下降速度减慢。男性在10~13岁耐力指标呈现出大幅度的提高，出现第一个增长高峰，而在16~17岁时有更大幅度的提高，出现第二个增长高峰，特别是16岁时，60%强度的有氧耐力指标增长幅度超过40%。

2. 无氧耐力

男性在10~20岁无氧耐力水平呈逐年增加的趋势，并在10岁、13岁、17岁依次出现三次增长高峰，尤其是在16~20岁增长幅度最大，说明此时无氧耐力正处在良好发展时期。女性无氧耐力在9~13岁逐年递增，在14~17岁有所下降，出现下降的主要原因是女性在此阶段体重增加较快，与最大吸氧量有关的指标在14岁时已接近峰值，故在15~17岁时仍停留在已有水平上。所以，女性在15~18岁应加强无氧耐力训练。

总之，发展耐力素质应从培养有氧耐力入手，从而为一般耐力的发展打下良好的基础，从15~16岁开始进行无氧耐力训练，并逐步加大无氧耐力训练的比例。由于耐力项目出成绩较晚，其有特有的训练规律和成绩增长规律，因此在耐力训练中不能操之过急，要按部就班地进行。

（四）耐力素质训练的影响因素

在进行耐力素质训练时，主要受生理因素、个性心理特征以及运动技能水平这三个因素的影响（见图5-2）。

图5-2　耐力素质训练的影响因素

1. 生理因素

（1）氧运输系统的功能水平。机体的呼吸、血液和循环组成了整个氧运输系统，该系统起到了为机体运输氧气、营养物质和代谢产物的作用，其也是有氧耐力水平的决定性因素。

（2）骨骼肌利用氧的能力。人体的肌肉组织可以从流经毛细血管的血液中摄取和利用氧气。生理学研究表明，肌肉中的肌纤维类型和它的有氧代谢能力会对肌肉组织摄取和利用氧气的能力产生直接影响。肌肉中的Ⅰ型肌纤维比例越高，有氧代谢酶活性就越高，而肌肉组织摄取和利用氧气的能力也就越强。一些优秀的耐力型运动员都具有这些特点，他们通常具有较高的慢肌纤维百分比，线粒体数量多，有氧氧化酶活性高，毛细血管分布密度大，这些都使得他们的肌肉具有很强的氧气摄取和利用能力。

（3）神经系统的调节能力。青少年在进行耐力运动训练时，对其神经系统提出了较高要求，需要青少年的神经系统能够保持长时间的兴奋状态和抑制节律性转换，并且能够使机体的运动中枢和内脏中枢进行协调活动，以实现保持肌肉收缩和舒张的良好节律以及运动器官和内脏器官活动的协调与配合。经研究，机体神经系统的调节功能可以通过耐力训练进行有效的改善，使机体能更适应耐力运动训练的需要，这一点也是耐力型运动员能够坚持长时间运动的生理学原因之一。

（4）能量供应及其利用效率。肌糖原和脂肪的有氧氧化为机体进行耐力性运动训练提供了主要的能量。实践训练研究发现，如果机体中肌糖原含量不足，耐力性运动训练成绩会受到明显的影响；反之，如果机体拥有充足的肌糖原储备，并且对有氧氧化产生的能量进行有效的利用，节约肌糖原利用以及提高机体中脂肪的利用比例等，能使机体的耐力水平得到有效的提高。

2. 个性心理特征

运动员的运动动机和兴趣、面临运动活动的心理稳定性、努力程度、自持力和意志品质都直接影响耐力水平的发展，特别是意志品质在耐力训练中起着非常重要的作用。在长时间运动出现疲劳的情况下以及在以强度为主的训练中，意志品质的重要作用体现得尤为明显。如果运动员的意志力不能强迫神经中枢继续工作，甚至提高工作强度（如终点冲刺时），便不能保持运动所要求的强度水平。人类具有极大的耐力潜力，这种潜力只有通过充分动员起来的意志力去战胜由于疲劳而出现的软弱，才能得到最大限度的发挥。

3. 运动技能水平

耐力素质是一名运动员从事训练和比赛非常重要的一项基本素质，其耐力素质的高低对能否取得优异的运动成绩有着极为重要的影响。因此，在任何一个运动项目中都应把耐力素质作为基础素质来发展。需要说明的是，耐力素质要想得到很好的发展，机体还必须具备一定的运动技能水平，运动员运动技能水平的高低对耐力素质的发展起到重要的促进作用。运动技能水平高，有利于耐力素质的提高；反之，则阻碍耐力素质的发展。

（五）耐力素质训练的基本方法

耐力是人体持续运动并抵抗疲劳的能力，是运动素质的重要组成部分。耐力素质训练不仅可以提高运动能力，还能增强心肺功能和身体综合素质。针对耐力素质的基本训练方法主要有五种（见图 5-3）。

图 5-3　耐力素质训练的基本方法

1. 持续训练法

持续训练法是一种低强度、长时间、无间断的连续训练方法。运用此方法进行有一般耐力素质的训练，可以有效地提高青少年有氧代谢系统供能能力以及该供能状态下有氧运动强度，并且可以为青少年的无氧代谢能力和无氧工作强度的提高奠定坚实的基础。持续训练法具有技术动作既可以单一也可多元、平均强度不大、负荷时间相对较长、以有氧代谢系统供能为主等特点。通常大学生进行一组练习的持续负荷时间应最少保证在 10 分钟以上，负荷强度心率指标控制在 160 次 / 分钟左右，训练过程不中断。这类训练方法可以有效提高大学生在有氧代谢系统供能状态下所表现出来的专项耐力，有效地提高技术应用稳定性和抵御疲劳的耐久性。

2. 间歇训练法

间歇训练法是一种对多次训练的间歇时间作出严格规定，使机体处于不完全恢复状态下，反复进行训练的方法。在青少年的耐力训练中，合理应用间歇训练法可以明显增强机体的心脏功能，使各机能产生适应性变化；有效提高和发展糖酵解代谢供能能力、磷酸盐与糖酵解混合代谢的供能能力、糖酵解与有氧代谢混合供能能力和有氧代谢供能能力；提高机体抗乳酸的能力，使青少年具备在较高强度情况下还能持续运动的能力。

3. 循环训练法

循环训练法是以训练的具体任务为根据，设置多个训练站，练习者按照既定顺序和路线依次完成每站训练任务的训练方法。在进行耐力素质训练时，可以运用循环训练法进行训练，这样可以有效地激发自己的训练情绪、累积负荷"痕迹"，对身体的不同体位进行交替刺激。循环训练法的结构因素主要包括每站的训练内容、每站的运动负荷、训练站的安排顺序、训练站之间的间歇、每遍循环之间的间歇、练习的站数与循环练习的组数等。青少年运用循环训练法在有效激发自身训练情绪和积极性的同时，也可以合理地增大运动训练过程中的训练密度。运动循环训练法还可以防止局部负担过重，延缓疲劳的产生，非常有利于自身耐力水平的提高。

4. 变换训练法

变换训练法是通过对运动负荷、训练内容、训练形式以及条件的变化来促进趣味性、练习者积极性、适应性及应变能力提高的训练方法。在运动训练过程中，对运动负荷进行变换可以使机体产生一定的适应性变化，帮助机体提高自身承受运动负荷的能力。而对训练内容的变换则可以促进机体不同运动素质、运动技术和运动战术得到系统的训练和协调发展。

根据所变换内容的不同，可以将变换训练法分为负荷变换训练法、内容变换训练法和形式变换训练法三大类。①负荷变换训练法。该训练法在降低训练负荷强度时，可以帮助机体学习和掌握运动技术；在提高训练负荷强度及密度时，则可以提高机体的适应能力，使机体能够在较大运动强度的情况下继续运动。另外，可通过变换练习动作的负荷强度、练习次数、练习时间、练习质量、间歇时间、间歇方式及练习组数等方式，促使运动素质的提高与能量代谢系统的发展。②内容变换训练法。该训练法可以对训练内容的动作结构进行固定组合和变异组合，使训练的负荷符合专项特点。训练内容的变换要符合体能发展的需要，练习动作的用力程度要符合专项的要求。③形式变换训练法。该训练方法的运用主要是通过对场地线路、落点和方位等条件或环境的变换来进行反应的。在进行耐力素质训练时，通过运用此方法对训练环境、训练气氛、训练路径、训练时间和训练形式进行变换，将各种技术更好地串联和衔接起来，对青少年产生新的刺激，使其拥有更高涨的训练情绪，由此也帮助青少年的神经系统处于良好的准备状态，提高青少年的表现欲，使耐力训练的质量大大提高。

5. 高原训练法

高原训练法是机体在海拔较高、空气中氧的含量较少的高原地带进行训练的方法。这种方法多被一些专业运动队所采用，如在我国的青海多巴、云南昆明等地都设有高原训练基地。这是一种提高机体耐力水平非常好的训练方法。通过在海拔高度 2000 米左右的地带进行高原训练，可以有效发展机体的有氧代谢能力，提高机体回到平原后承担大负荷训练和参加大强度比赛的能力。大学生在进行高原训练时，身处高原，其空气中氧的含量要比平原少，这对他们的心血管系统和呼吸系统都提出了较高的要求，通过一段时间的训练和适应，大学生的肺通气量和呼吸效率会得到明显提高，其呼吸、循环系统的机能得到很好的改善。通过高原训练法，大学生血液中的红血胞数量和血红蛋白含量都会增加，机体的血液输氧能力得到很大的提高，同时肌肉中的毛细血管增生变粗，使肌细胞的有氧代谢能力得到显著提高。

四、灵敏素质训练方法

关于灵敏素质的训练，可以从反应能力、平衡能力以及协调能力这三个方面入手进行训练（见图 5-4）。

图 5-4　灵敏素质训练的方法

（一）反应能力训练

1. 正向反应练习

练习者根据口令快速完成相应的动作。例如，当听到"上举"的指令时，应迅速完成上举动作。此类练习可以提高对指令的敏感性和执行效率。

2. 反向反应练习

与正向练习相反，练习者需根据口令做出相对立的动作。例如，当听到"上举"的指令时，应快速完成下举动作。这种训练能够增强应变能力和动作灵活性。

3. 多种初始状态下的听指令练习

无论练习者处于静止状态还是在跑动中，需听指令完成相应动作。通过多变的初始状态设置，可强化不同情境下的快速反应能力。

4. 限定范围的追逐练习

在划定的范围内进行一对一追逐活动，强调速度与灵敏度的结合。在练习过程中，追逐者需精准判断对方的行动路线，而被追逐者则需快速变向，避免被抓。

5. 听指令或看手势的跑停练习

练习者需根据教练的指令或手势，在不同状态下快速完成跑动或停止的动作。该练习可提升视觉与听觉对运动的协调反应能力。

6. 多种姿势的起跑练习

要求练习者在不同姿势下，如蹲姿、站姿等，听到指令后迅速起跑。该训练能够改善运动启动的爆发力与反应速度。

7. 跳绳训练

两人负责摇绳，练习者需在恰当的时机跑入绳中并完成转身跳跃等动作。这种练习不仅可以提高节奏感，还可以增强身体与外部环境的协调能力。

8. 打手背练习

两人掌心相对，快速做出攻击与防守的动作。此训练可以强化手部的灵敏反应能力和判断力。

9. 体育游戏练习

通过多种趣味游戏，如叫号追人、贴人、抢空位等，在轻松氛围中提高反应与灵活性，同时培养团队合作与策略运用能力。

（二）平衡能力训练

1. 单腿站立对抗

两人单腿站立，双臂搭在一起，尝试使对方失去平衡并让抬起的脚触地。练习中需保持重心的稳定，同时观察对方的动作变化。

2. 弓箭步站立对抗

两人以弓箭步站立，同样是双臂互相搭在一起，通过力量与重心的转移来破坏对方的平衡。

3. 各种姿势的平衡练习

它包括单腿站立、跪姿、仰卧等多种姿势下保持身体平衡的练习。此类训练可以增强核心力量并提高身体的稳定性。

4. 头手倒立练习

练习者需在头部和双手支撑下完成倒立动作，注重控制身体的直线性和平衡性。

5. 急停练习

在运动过程中听到指令后快速停止，要求练习者迅速调节重心以保持身体稳定。

6. 平衡木上的多种动作练习

该练习包括单腿站立、屈膝、手臂摆动等多种姿势的平衡动作，以提升平衡能力和身体控制力。

（三）协调能力训练

1. 背对挽臂蹲跳练习

两人背对挽臂，在蹲姿状态下完成跳进和跳转动作，考验身体的协调性与配合能力。

2. 动作模仿练习

练习者模仿教练的动作，从基础动作到复杂动作的模仿，不仅提高了模仿能力，还增强了身体的协调性。

3. 徒手操练习

通过重复做徒手操动作，强化身体的柔韧性和协调能力，如手臂摆动、躯干扭转等。

4. 拉手连续转练习

两人一组，头顶拉手，连续完成同方向转动动作，既可以增强身体的旋转控制能力，也可以培养合作默契。

5. 不同方向的脚步移动练习

练习者需完成多种步伐变化，如前进、后退、侧移、交叉步等，强调脚步的灵活性和身体的协调性。

6. 跳起空中摸脚练习

在跳跃至空中时完成体前屈摸脚动作，该训练同时可以锻炼身体的柔韧性和空中控制能力。

7. 单手扶肩与脚腕的蹦跳练习

两人一组，一手扶住对方肩部，另一手抓住对方脚腕，在此状态下完成多种方向的蹦跳及转向跳动作。此练习进一步强化了身体各部位间的协调性与控制力。

五、柔韧素质训练方法

（一）颈部柔韧素质训练

1. 前拉头练习

前拉头练习是一项有效的颈部柔韧性训练，能够帮助改善颈椎活动范围和缓解肌肉紧张感。练习者可以采取站立或坐姿，确保姿势稳定，将双手交叉放在头部后方，并施加轻微的下压力量，使头部缓慢向前下方移动。在做动作时，下巴应逐渐贴近胸部，双肩也要同步向下沉，形成整体的拉伸效果。为了达到最佳训练效果，应在最大限度的拉伸状态下保持 10 秒，然后缓慢复位。这种训练方法不仅适用于运动前的热身，还适合长时间伏案学习的青少年，用于缓解颈部僵硬感和减少因姿势问题引发的不适。

2. 后拉头练习

后拉头练习是提升颈部柔韧性的另一种重要方式，主要针对颈前侧肌肉的伸展与放松。练习者可以选择站立或坐姿，将双手自然放于前额，用手掌轻轻向后施加压力，同时缓慢仰头，使颈部前侧的肌肉得到充分的拉伸。整个过程中应保持动作的平稳与流畅，避免因用力过猛导致颈椎受损。建议在最大限度的后仰状态下停留 10 秒左右，然后逐渐恢复到起始姿势。这种练习能够有效缓解因低头时间过长造成的颈前侧紧绷现象，同时提升头颈部的活动能力。

3. 侧拉头练习

侧拉头练习对颈部两侧肌肉的拉伸有显著效果，能够帮助矫正因长时间单一动作或不良姿势引起的颈部肌肉不平衡问题。具体操作时，可选择站立或坐姿，将左臂置于背后弯曲，右臂则从右肩向后抓住左肘关节，并缓慢向右侧牵拉左臂肘部。通过这种方式，左侧颈部肌肉将感受到明显的牵拉感。当动作达到极限时，保持拉伸姿势 10 秒，然后慢慢复原至初始状态。左右两侧交替进行数次，不仅能够有效提升颈部柔韧性，还能缓解肩颈部的压力，使整体活动更加灵活和自如。

（二）肩部和背部柔韧素质训练

1. 单臂开门拉肩

单臂开门拉肩动作可以帮助提升肩关节的外展与旋转能力，同时放松肩部肌群。训练者站于门框中央，侧身面向门框，将一只手臂抬起，肘部弯曲至 90°，并用手掌贴住门框形成支撑。通过缓慢转动上体，带动肩关节向外展开，从而为肩部提供充分的牵拉力。在练习过程中，应确保肩膀保持稳定，避免其他部位的不必要参与，以免降低效果。此动作在肩部柔韧性提升和运动前准备中具有重要作用，尤其适用于需要上肢大幅度动作的运动项目。

2. 向后拉肩

向后拉肩旨在改善肩部后侧肌肉的柔韧性，增强肩关节的活动范围。采取站立或坐姿，将双手在背后合掌，手指自然指向上方，并缓慢将双手逐步向上抬高至极限位置，同时拉动肘关节向后。这个动作能够显著增强肩部的灵活性，并帮助缓解因久坐或姿势不当导致的肩背紧张。在练习过程中，需注意动作的缓慢性和控制力，确保肩部肌肉和关节不会因为拉伸过度而受损。

3. 助力顶肩

助力顶肩需要两人配合完成，适用于提升肩部灵活性和释放肩胛部紧张。练习者采取跪姿，将双手交叉置于同伴的颈部，而同伴则站在身后，一手扶住练习者的髋部，另一手轻压肩胛骨部位，通过身体后仰带动髋部向上顶肩部。这个动作能够为练习者的肩部提供外部助力，使其获得更深层次的牵拉效果。练习时应注意配合默契，避免用力不均导致拉伸效果受限。

4. 背向压肩

背向压肩动作主要针对肩关节的屈曲与旋转能力训练。练习者背靠墙站立，将双臂尽量向后抬起并贴住墙面，然后缓慢将手掌向上移动直至与肩同高，随后屈膝下压身体，进一步增加肩关节的牵拉幅度。通过这一练习，能够有效改善肩部的柔韧性，并提升上肢在复杂运动中的表现力。

5. 坐立拉背

坐立拉背对背部肌肉的拉伸与放松起到积极作用，同时提升上半身的灵活性。练习者采取坐姿，将上身缓慢前倾贴向大腿，双手环抱小腿，利用手臂力量向下压肘关节，同时向前拉动背部肌肉，使其得到全面伸展。在整个过程中，需要注意双脚保持稳定贴地，以确保动作的连贯性与稳定性。通过重复这一练习，能够有效缓解背部肌肉的紧张状态，并改善整体柔韧素质。

（三）臂部和腕部柔韧素质训练

1. 上臂颈后拉

上臂颈后拉是一种针对上臂肌肉和肩部关节的拉伸方法，能够帮助缓解肌肉紧张并提升肩关节的活动范围。练习时，需保持站姿或坐姿，左臂向上举起后弯曲肘关节，使左手垂至肩胛骨附近，肘关节的位置应保持在头部侧方。同时，将右臂向上举起并屈肘，右手握住左臂的肘部，并轻轻向右侧牵拉左臂，直至感觉到上臂和肩部的拉伸感。保持这一姿势 10 秒左右，然后慢慢放松并恢复原位。左右手臂应交替进行，以确保两侧的肌肉得到均衡的拉伸。该练习有助于增强肩部柔韧性，并缓解因长时间保持单一姿势而导致的肩部僵硬问题。

2. 背后拉毛巾

背后拉毛巾是一种能够有效提升肩关节灵活性及上肢协调性的训练方法，适合在日常锻炼中加入。练习者可以选择站姿或坐姿，将左臂向上伸展后弯曲肘关节，同时将右臂从背后屈肘抬起，使右手逐渐接近左手。两只手分别握住一条毛巾的两端，然后缓慢地将双手靠近，直至感受到背部和肩部的拉伸感。在保持这一姿势 10 秒左右后，再缓慢放松并恢复到初始位置。交替练习两臂可以帮助避免肌肉拉伸的不均衡问题。这一动作有助于增强肩部和背部的柔韧性，同时改善上肢的协调性和力量控制能力。

（四）腰部柔韧素质训练

1. 俯卧转腰

这种练习主要针对腰部肌肉和脊柱的灵活性进行训练。练习者需要取俯卧姿势，身体的上半部分应悬于台子的边缘之外，以确保躯干能够自由活动。双手持一根木棍，将木棍搭在肩上，同时双臂自然搭放在木棍上。在这一姿势下，缓慢地左右转动躯干，直至达到最大幅度，并在该位置停留约 10 秒钟，感受腰部的牵拉效果，随后回到起始位置并重复练习。这个动作有助于改善脊柱的灵活性，增强腰部肌群的协调能力。练习时，需注意保持动作的流畅性，避免因突然用力而导致腰部的不适。

2. 站立体侧屈

站立体侧屈是一种有效的侧腰柔韧性训练，能够增强侧腰肌肉的伸展能力和灵活性。练习者以站姿开始，双脚分开至肩宽，两臂向上伸展，双手在头顶合掌。在保持双臂伸直的情况下，缓慢地向身体的一侧做侧屈动作，直至耳朵贴近肩部，并在达到动作极限时停留 10 秒钟，随后恢复到起始位置，并换另一侧进行相同练习。这种交替性的站立体侧屈能够均衡地锻炼左右两侧的腰部肌肉，增强腰部的稳定性和伸展性。为了确保动作的安全性和有效性，需避免上身前倾或后仰，保持动作轨迹在一个平面内。

3. 倒立屈髋

这一练习对腰部柔韧性和核心力量的提升有显著作用，同时还能提升全身的协调性和促进血液循环。练习者从仰卧姿势开始，双腿并拢并缓慢抬起至头手倒立的姿势，双手扶住腰部两侧以保持平衡。在倒立的姿势下，缓慢弯曲双腿，尝试将脚尖接触地面，并在动作的最大幅度停留 10 秒钟，感受髋关节和腰部的拉伸效果，随后缓慢地恢复到起始位置并重复练习。这个动作对身体的控制力要求较高，因此在练习时需注意动作的稳定性，避免因失去平衡而造成摔倒或受伤。

（五）腹部和胸部柔韧素质训练

1. 俯卧背弓

这一训练方法主要是通过背部和腿部的协调拉伸来增强腹部和胸部的柔韧性。练习者需先取俯卧姿势，身体放松，双腿自然伸直。接着，屈膝将双脚抬离地面，同时双手向后伸展，握住脚踝部位。在确保双手稳固抓握的情况下，用力将胸部向上抬起，同时将双膝提离地面，使身体呈弓形。保持这个姿势 10 秒左右，充分感受腹部和胸部的拉伸效果，随后缓慢放松并恢复到初始姿势。重复数次练习，可以有效提升腹部和胸部的柔韧性。练习时应注意控制动作的节奏，避免因快速或过猛的用力导致肌肉拉伤。同时，应确保身体的平衡性，避免做动作过程中因姿势不稳而导致身体倾斜或受力不均。此练习不仅能够提高核心部位的柔韧性，还能帮助改善身体的平衡感和姿态。

2. 上体俯卧撑起

此训练方法专注于强化胸部和腹部的伸展能力，同时对脊柱的灵活性有良好的促进作用。练习者需取俯卧姿势，双手放于髋部上方并平稳撑地，双腿自然伸直，在保持下半身稳定的情况下，缓慢用力将上体撑起，同时将头部后仰，使胸部充分向前伸展，呈弓形。保持这个姿势 10 秒左右，以充分体验胸部和腹部的拉伸感，然后缓慢回到初始姿势。重复练习数次，可显著增强核心肌肉的柔韧性。做该动作时，需注意动作的流畅性和控制力，避免因动作过快或用力过猛而对下背部造成过大压力。在练习过程中，双手撑地的位置应适当，以确保力量分布均匀，从而避免手腕或肩部的不适。此外，在头部后仰时应适度控制角度，以免对颈椎造成额外的负担。

（六）髋部和臀部柔韧素质训练

1. 弓箭步压髋

这一训练方法主要用于拉伸髋部肌群，增强髋关节的柔韧性。首先站直，双脚前后分开，进入弓箭步姿势，前脚平稳着地，后脚脚背贴地，确保身体保持正直。其次，慢慢屈膝下压，降低身体重心，直到后腿膝盖轻触地面，前腿大腿与地面平行。此时髋部会感受到明显的拉伸感，保持这一姿势约 10 秒钟，以充分体验拉伸效果。最后，缓慢起身回到初始站姿，并交换双腿进行练习。在做此动作时，需注意保持上半身的直立，避免身体前倾或后仰，以确保拉伸集中于髋部区域。此外，动作要缓慢而稳定，尤其在降低重心时，应控制下压的速度，防止动作过快导致膝关节受力不均。长期坚持弓箭步压髋练习，不仅有助于改善髋关节的柔韧性，还能增强下肢力量和稳定性。

2. 坐立反向转体

此训练方法旨在同时提升髋部和腰部的灵活性，并对下背部肌群产生积极的影响。练习者首先取坐姿，双腿向前伸展，双手自然放在身体两侧，支撑髋部以保持平衡。然后，交叉双腿，弯曲膝盖，使脚跟逐渐靠近臀部。缓慢转动上体，朝向身体一侧旋转，头部随身体动作转到身后，同时用对侧手臂的肘关节抵住屈膝腿的外侧，通过轻柔推压进一步增加转体幅度。保持该姿势约 10 秒钟，然后缓慢回到起始状态，再交换另一侧进行练习。在做此动作时，应注意动作的平稳性和柔和性，避免因过度用力而导致髋部或腰部的不适。转体时，应尽量保持背部直立，并确保旋转幅度适合个人的柔韧能力。同时，在推动屈膝腿时，力度应适中，避免髋关节或膝关节受压过大。

（七）大腿柔韧素质训练

1. 体侧屈压腿

体侧屈压腿主要是针对大腿内侧肌群进行拉伸。练习者侧身站在与髋部高度接近的台子旁，将一只脚轻放在台子上，确保身体保持平衡。然后缓慢将身体向搭腿方向倾斜，使台子上的腿感受到逐渐增强的拉伸感。动作需要在最大限度的幅度下保持约 10 秒，以确保拉伸充分。随后恢复站姿，并换另一侧进行练习。在完成动作时，应注意保持上半身的稳定，避免身体过度扭转或弯曲。核心肌群应保持一定的紧张度，以提供必要的支撑，从而确保动作的流畅性。长期坚持练习此动作，有助于提升大腿内侧的柔韧性，同时能改善腿部整体的灵活性。

2. 直膝分腿坐压腿

这一练习方法主要通过坐姿完成，针对大腿后侧和内侧的肌群进行有效拉伸。练习者坐在地面上，将双腿尽可能分开，达到自身柔韧极限。随后将上半身缓慢向一侧腿倾压，下压的过程中需保持腰部自然伸展，避免含胸或驼背。保持下压姿势约 10 秒后恢复到起始状态，并换另一侧进行相同的练习。做此动作时，应注重动作的稳定性和循序渐进的强度调整，避免拉伸幅度过大导致肌肉或韧带的损伤。为了获得更好的效果，可在拉伸时深呼吸，帮助肌肉放松，同时增强拉伸的效果。坚持这一动作训练，不仅可以提升大腿的柔韧性，还能增加腰部的灵活性。

3. 坐压脚

坐压脚的练习方法较为简单，主要是作用于大腿前侧和膝关节周围的肌肉。练习者采取跪姿，脚背贴地，脚趾自然朝后，臀部缓慢坐在脚跟上。此时，大腿前侧的肌群会感受到明显的拉伸感。保持这一姿势约 10 秒，然后缓慢起身回到初始跪姿。在完成此动作时，应注意身体的直立性，避免上半身前倾或后仰，以确保拉伸效果集中在大腿前侧区域。对于柔韧性较差的练习者，可以适当减小动作幅度，逐步提升拉伸强度，以避免身体不适或受伤。长期坚持此动作，有助于改善大腿前侧肌群的柔韧性，同时增强下肢的整体协调性。

4. 站立拉伸

站立拉伸是针对腿部后侧和髋关节区域的全面柔韧性训练。练习者站立在墙边，将后背紧贴墙面以保持稳定性。抬起一条腿，由同伴辅助抓住脚踝，缓慢将腿向上抬高，直至达到自身柔韧极限。保持拉伸姿势约 10 秒后，将腿缓慢放下并换另一侧进行练习。在练习过程中，需保持上半身的稳定，避免身体过度前倾或后仰。对于柔韧性较好的练习者，可以逐步加大拉伸幅度，但需注意避免拉伸过度而导致不适。同伴在辅助时应保持动作的缓和性，避免快速用力，确保安全和有效性。

（八）小腿柔韧素质训练

1. 坐拉脚掌

练习者采取坐姿，保持两腿分开，一腿屈膝，脚跟靠近身体，抵住腹股沟位置，另一条腿则充分伸展，保持膝关节完全伸直状态。随后，上半身缓慢前倾，用双手抓住伸展腿的脚掌并轻轻向后拉，直至感受到小腿后侧肌群明显的拉伸感。保持这一姿势 10 秒后，缓慢放松回到初始位置，换另一条腿重复练习。在做此动作时，需要特别注意保持伸展腿的膝盖始终处于伸直状态，避免出现弯曲情况。同时，在上体前倾过程中，应尽量保持腰背的平直，避免因弓背而减弱拉伸效果。为进一步增强拉伸效果，练习者可结合缓慢的深呼吸，在呼气时逐渐加大拉伸幅度。长期坚持这一训练，可以显著提升小腿后侧肌群的柔韧性，同时改善腿部整体协调性和脚踝灵活度。

2. 扶墙拉伸

练习者面向墙站立，双手轻轻扶住墙面以保持平衡，双脚脚趾朝向墙壁。随后，身体缓慢向前倾，并屈肘，使前臂贴近墙面。通过身体的前压动作对小腿肌群施加一定的拉伸力，直至感受到拉伸效果为止。保持这一姿势约 10 秒后，逐渐放松并恢复到初始位置。在练习过程中，应注意保持全身的直线状态，包括头部、颈部和躯干的对齐，避免过度弯曲或塌腰。同时，脚跟始终应贴住地面，确保小腿后侧肌群得到充分拉伸。如果练习者的柔韧性较差，可以适当调整身体与墙面的距离，以降低拉伸强度。随着柔韧性提升，可逐渐靠近墙壁以增强拉伸效果。该方法不仅可以改善小腿后侧肌群的柔韧性，还能有效缓解因长期站立或运动过量引起的肌肉紧张。

（九）脚部和踝部柔韧素质训练

1. 脚趾上部拉伸

练习者先取站姿，两脚自然分开呈前后站立姿态，前腿略微弯曲以便更好地控制身体平衡。前脚的脚趾轻轻搭在一个低矮的台阶或稳定的支撑物上，然后身体缓慢前倾，逐渐增加对脚趾的牵拉力度，直至感受到足部明显的拉伸感。保持这一姿势约 10 秒后，缓慢复原到初始位置，再换另一只脚重复相同的动作。在进行这一练习时，需要注意保持身体的平衡，避免前倾时身体的重心过度偏移。此外，应确保动作缓慢而稳定，避免因过度拉伸导致足部肌肉或韧带损伤。拉伸的幅度可根据个人柔韧水平适当调整，对于初学者来说，可以选择较低的台阶或减小身体的前倾角度。长期坚持这一训练，可以有效改善脚趾的灵活性，同时增强足部在承受各种运动负荷时的稳定性。

2. 跪撑后坐

练习者采取跪姿，双手自然放置于身体两侧的地面上，以提供必要的支撑。双脚并拢，脚面平贴于地面，脚尖朝后，确保姿势稳定后，缓慢将臀部向后下方移动，直至感受到脚背和踝关节区域的明显拉伸感。保持这一姿势约10秒后，逐渐回到初始状态，适当调整姿势以放松脚部肌肉。在进行这一训练时，应注意双脚的姿态是否正确，脚背应完全贴地，而脚趾避免弯曲或内翻。同时，在臀部向后移动的过程中，要确保动作缓慢且均匀，避免因突然施力而对脚踝产生不必要的压力。对于柔韧性较差的练习者，可以适当减小后坐的幅度，而随着柔韧性的提升，则可逐渐增加动作的深度，以实现更全面的拉伸效果。这一练习不仅有助于提升脚背和踝关节的柔韧性，还能改善脚踝的血液循环，缓解长时间站立或步行后的疲劳。

第二节 青少年常见的心理问题及处理

人在青少年时期往往会伴随着这些心理问题，如淡漠心理、厌倦心理、强迫心理（见图5-5），这些心理问题会对青少年的身心健康造成一定的消极影响。因此，要想促进青少年的健康成长，处理其心理问题是不可忽视的重要环节。

图 5-5 青少年常见的心理问题

一、淡漠心理

（一）心理形成分析

淡漠心理常见于青少年在面对训练或比赛活动时，表现为参与的热情和积极性下降。这种心理状态通常源于外界刺激的频繁接触使得青少年的大脑皮层兴奋性逐渐降低，同时抑制过程逐渐增强。这种心理机制的形成往往与长期承受高强度或单调重复的训练内容密切相关，导致青少年逐渐对训练失去兴趣和动力。淡漠心理的表现不仅体现为情绪低落，还可能包括对训练任务的被动应付和对比赛缺乏期待感。

（二）处理方式

针对青少年可能出现的淡漠心理问题，采取科学有效的干预措施显得尤为重要，以下是三种常见的应对方法：

1. 引导保持正确的训练和比赛态度

教师作为青少年运动成长中的重要引路人，应在教学中引导青少年认识训练和比赛的意义。通过正面引导帮助他们将运动训练视为自我提升和成长的机会，而非一种单纯的任务。教师可以结合实例说明目标达成的成就感以及训练对身心发展的积极影响，以此调动学生的参与热情。例如，通过讲述运动员的奋斗经历或者设立小型目标，让学生更明确地感受到努力的价值。

2. 找出心理淡漠的根源并重建信心

针对青少年的心理淡漠问题，教师需要深入分析问题产生的原因。这可能包括过于单一的训练方式、目标的不明确、身体过度疲劳等。通过与青少年进行沟通交流，了解他们内心的真实想法，从而找出问题所在。在找到原因后，教师应积极调整教学方式，为青少年制订更适合的训练计划，并通过多样化的训练内容激发他们的兴趣。例如，结合青少年的兴趣设计趣味性强的训练活动，或者通过小组合作形式增加训练的互动性，帮助青少年逐渐恢复对训练的信心。

3. 科学合理地安排训练任务

过于频繁的大负荷训练往往是导致青少年心理淡漠的主要因素之一。教师在制订训练计划时应注重科学性与合理性，根据青少年的身体和心理承受能力安排训练负荷，避免单调乏味的内容。同时，在训练过程中需要关注青少年的情绪表现，及时发现可能存在的负面情绪。例如，在训练后安排适当的放松活动或者与青少年交流训练感受，有助于缓解心理压力，让青少年能够保持较好的心态投身到训练中。此外，适当给予青少年一些休息时间，让他们能够调整状态，避免心理疲劳进一步加剧。

二、厌倦心理

（一）心理形成分析

厌倦心理是由青少年长期参加运动训练后产生的难以再受到新刺激的影响的心理问题，在实际中往往表现为青少年对训练感到厌烦和惧怕，如此将影响正常运动计划的完成。这种心理问题一旦出现，就要及时予以干预，以使青少年尽早摆脱这种心理的干扰。

（二）处理方式

1. 制定合理的目标

为了缓解学生的厌倦心理，在制订运动计划时就应考虑到目标设定的合理性，即目标是否设定在了学生的最近发展区中。此外，在运动过程中还要辅以教师乃至家长的引导，力争使青少年能循序渐进、由小到大地完成运动目标，从而建立起良好的自信。

2. 对训练动机进行适度强化

动机是驱使人做出某种行为以及延续这个行为更长时间的原动力。在解决青少年对运动训练厌倦的心理问题上，教师和家长应积极予以引导，这种引导应以成功案例为基础，再辅以理论传授，最终激发青少年的运动动机，由此削弱厌倦心理对其的影响。另外，在组织训练活动时，教师要尽力营造好的训练氛围，一旦在训练中发现了学生的亮点要及时点出并表扬，但在发现问题时也应及时指出和适当批评。

三、强迫心理

（一）心理形成分析

强迫心理是指个体明知某些想法或行为是不合理、不必要的，却无法控制或摆脱，由此引发强烈的焦虑和不安。这种心理状态对青少年的学习、生活以及校园适应能力会产生较大的负面影响，若不及时进行辅导和干预，可能导致问题进一步加剧。主要表现可以分为以下两个方面：

1. 强迫观念

青少年常常表现出重复性和无法控制的想法。例如，脑海中反复回荡某首歌曲的旋律，或者总是回忆别人对自己说过的话；在完成作业或考试后，总觉得某些字写错了或答案有误；在上学途中，总怀疑是否忘记携带书本或文具；

担心考试不及格、受到批评，甚至对自己的体重产生过度担忧；看到某些物品如小刀，便联想到受伤的情景。此外，脑中还可能出现一些无意义的思考，比如"一加一为什么等于三"或者"先有鸡还是先有蛋"等问题。

2. 强迫冲动和强迫动作

除了观念方面的表现，强迫心理还可能通过行为显现出来。例如，在考试时总觉得需要上厕所，却并未真正有生理需求；面对老师或家长时，内心产生辱骂或吵闹的冲动，但实际表现得十分顺从；反复检查作业或试卷，生怕有错误；走路时习惯性地数脚下的石块或步数。这些行为和冲动，往往让个体感到极度疲惫，却又难以摆脱。

（二）处理方式

强迫心理的形成与个体成长环境、家庭教育以及自身性格特点息息相关。严格刻板的家庭教育方式，以及青少年自身对完美的追求等，是导致这种心理状态的主要因素。因此，在应对时需从多个角度入手，采取系统的干预措施。

1. 营造宽松的家庭环境

家长在与孩子相处时，需要创造一种放松的家庭氛围。与孩子交流时，应保持平等的态度，减少指责和批评，多发现和放大孩子的优点，通过鼓励和接纳让孩子建立自信和感到被认可。一些家长为了培养孩子养成认真细致的生活习惯，可能会采取过于严苛的教育方式，这种做法虽然出发点是好的，但是如果过度要求细节，反而容易让孩子形成强迫倾向。因此，家长在指导孩子时，应注意把握尺度，不要让要求变成负担。

2. 培养青少年的自我调节能力

青少年要学会正确认识强迫性格的特征，并通过主动的自我调整来防止强迫心理的恶化。首先，要摒弃对自我形象的过度关注，避免追求完美主义。例如，不必反复纠结"我这样做是否正确""别人怎么看待我的表现"等问题，而是学会接纳自己的不完美状态。其次，培养顺其自然的心态。强迫心理的一个显著特点是过度思考和反复琢磨，往往会将一些微小的问题无限放大。青少年在面对问题时，应尽量避免钻牛角尖，学会接受现实，并认识到适应环境的重要性远远超过试图改变环境。

3. 注重过程体验，降低对结果的执念

对于强迫心理较为突出的青少年而言，学会关注事情的过程而非结果是缓解心理状态的重要方式之一。无论是学习还是生活，都要抱着一种欣赏、体验的心态，注重感受过程中的乐趣，而不是过分在意最终的成败。例如，在完成一项任务时，可以给自己设定一个明确的目标，只需认真完成一次即可，避免因重复检查或不放心而浪费时间。同时，要牢记"凡事想一次、做一次"的生活原则，以此来减少反复行为对情绪和精力的消耗。

4. 采取综合预防与干预措施

强迫心理的缓解与治疗需要一个循序渐进的过程。学校、家庭和社会应共同努力，帮助青少年建立积极的思维模式。学校可以通过心理健康课程和讲座，让学生了解强迫心理的形成机制及应对策略；家长需要为孩子创造宽松、和谐的成长环境，避免用高压的教育方式给孩子施加过多负担；社会心理机构可以提供专业的辅导服务，为强迫心理严重的青少年制订个性化的干预计划。

第三节 青少年社会适应能力的提升

一、社会适应的相关概念

（一）社会适应

社会适应指的是个体或群体在与周围社会环境相互作用的过程中，通过调整自身行为、态度或观念以融入社会并满足环境需求的动态过程。这种适应过程主要分为两种形式：一是通过改变自身的行为模式、态度以及习惯等，满足社会条件与要求的生存适应；二是通过尽可能地影响和改变外部环境，使之更符合自身发展的需求。社会适应的核心在于个体与环境的双向互动与调整，其本质可以看作是个体不断深入社会化的体现。在这个过程中，个体不断融入和理解社会规则，并逐步调整自身以更好地与社会环境相协调。

（二）社会适应能力及社会化

社会适应能力，也被称为社会健康，体现为个体在与外界环境和人际互动中能够建立和维持良好关系，同时成功承担社会角色的综合能力。这一能力直接影响个体的生活质量和社会交往水平。

个体的社会化是将其从一个单纯的生物个体转变为合格社会成员的关键阶段。在社会化过程中，个体需要逐步适应所处社会环境中的各种变化，通过与他人的互动和交往，逐渐形成对自我的认知，同时协调好与他人的关系。在这一过程中,个体学习如何扮演不同的社会角色,同时经历并学会应对挫折与挑战。此外,个体还需处理各种矛盾和冲突,并逐步掌握妥协、合作以及竞争等多种社会技巧。社会化不仅要求个体适应当下的社会环境,还需要其在动态变化的社会中不断调整与进步。在互动中,个体不仅要学习和内化社会的文化、规则和价值观,还需要主动参与社会生活,逐步培养解决问题、承受压力和面对挫折的能力。

二、学校体育教育对学生社会适应力的提升作用

学校体育教育除对学生的身体健康和心理健康两方面起到重要作用之外,还对学生的社会适应能力等的提升有着较大作用,主要体现在如图5-6所示的四个方面。

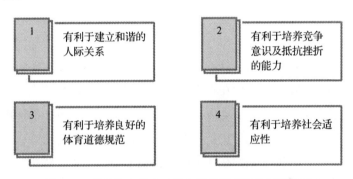

图5-6　学校体育教育对学生社会适应力的提升作用

(一)有利于建立和谐的人际关系

人际关系的建立需要以互动与交流为基础,而学校体育教育为学生提供了宽广的平台,让学生能够在轻松愉快的氛围中展开交流。人际交往是一种通过信息交换和情感沟通实现相互理解的过程。在体育活动中,学生可以围绕比赛、训练和运动技巧展开交流,这种以体育为主题的互动不仅拉近了学生之间的距离,还使彼此的关系更加和谐。

相较于其他学科,体育活动中的交流更加直接且不拘一格,运动场上的自然状态使学生能够无拘束地表达自我。在参与集体项目时,学生通过共同协作完成目标,不仅可以增加彼此之间的默契,还可以加深情感联结。体育运动中丰富的互动情境和积极的交流氛围,可以显著提升学生协调人际关系的能力,为他们适应复杂的社会环境奠定基础。

（二）有利于培养竞争意识及抵抗挫折的能力

学校体育活动中的比赛与训练形式多样，学生需要面对个人挑战以及团队合作中的考验，这种多样性为学生提供了多重磨炼意志的机会。体育运动中不可避免的胜败结果是学生感受竞争的直接体现。在多次失败和挫折中，学生逐渐学会如何应对情绪波动，锻炼心理韧性。

在运动场上，追求胜利的动力和面对失败的勇气同样重要。无论是个人项目还是团队比赛，学生都需要通过努力克服困难和不断尝试，逐步形成积极的竞争意识及面对逆境时的坚毅态度。这种锻炼不仅让学生能够更加从容地应对学习和生活中的压力，还为他们在未来社会中解决实际问题、迎接挑战提供了重要的心理支持。

（三）有利于培养良好的体育道德规范

体育活动有一个重要的特点，即所有的比赛和训练都必须在规则范围内进行。这种规则意识在学生参与体育活动的过程中得以强化。当学生进入体育场地，他们必须遵守比赛规则、尊重裁判的判罚，并在合作中体现团队精神。

这种规则的内化，使学生在日常行为中更加自律，逐步养成尊重他人、诚实守信的品质。同时，体育活动所提倡的公平竞争和团队协作精神也在潜移默化中塑造了学生的道德观念。在长期的实践中，这些行为准则会成为学生品格的重要组成部分，有助于他们在社会中获得更多的认同与支持。

（四）有利于培养社会适应性

体育活动的多样性为学生提供了模拟社会情境的宝贵机会。通过参与各种体育项目，学生不仅可以体验多种社会角色，还能在不同的团队中承担责任、履行义务。这种角色扮演的过程帮助学生更加深刻地理解社会规则，同时学会与他人合作、解决冲突，逐步成为一个遵纪守法、具有社会公德的人。

此外，体育活动中强调的纪律性和团队精神有助学生将这些优良品质迁移到生活和学习中，从而更快适应社会环境的复杂变化。通过这些经历，学生在行为习惯、价值观念和社会责任感方面都得到了强化，社会适应能力得以全面提升。

三、学校体育教育应达到的要求

学校体育教育是提升学生社会适应能力的重要途径，其帮助学生更好地融入社会环境、适应社会需求。在这一过程中，学校体育应达到以下四个方面的要求，从而最大限度地发挥作用。

（一）营造民主的体育氛围，建立融洽的师生关系

在学校体育活动中，学生不仅需要身体素质的提升，还需要通过活动培养社会交往能力，而建立民主、和谐的体育氛围是实现这一目标的前提。相比于传统学科的课堂教学，体育活动具有更强的参与性和互动性，这使得学生能够在宽松的环境中展开体育学习、锻炼和比赛。在这种氛围中，师生关系的融洽尤为重要。教师应以关怀和支持的态度引导学生，避免以过于严格或单一的方式管理活动，而是通过建立平等的互动关系增强学生对体育活动的兴趣和信心。当师生关系和谐时，学生会更愿意积极参与各种活动，这不仅有助于提高体育技能，还能为社会交往能力的提升打下基础。

（二）优化学校体育环境，创造良好的体育锻炼空间

体育场地和器材是学校体育活动的物质保障，优质的体育环境能够激发学生参与体育锻炼的兴趣，吸引更多学生主动加入到活动中来。学校应充分利用现有资源，同时积极引进先进的体育设施，为学生提供安全、宽敞、功能齐全的锻炼空间。

优质的体育环境不仅能够提高学生参与活动的积极性，还能为他们创造更多的交往机会。在这样的场景中，学生通过共同锻炼和交流，不仅能够增强彼此的感情，还可以提高团队协作能力和适应不同人际关系的能力。学校还应注重体育场地的多样性，为学生提供更加丰富的运动项目选择，满足不同兴趣和需求，从而进一步激发他们的参与热情。

（三）组织丰富多彩的课外体育活动，提高社会适应能力

学校体育的价值不只体现在课堂教学中，开展丰富的课外体育活动也是培养学生社会适应能力的重要方式。通过开展适合不同年龄段学生的多样化活动，如趣味运动会、校内联赛和户外拓展训练，能够有效提升学生的参与感和归属感。这些活动为学生提供了建立友谊和磨炼意志的机会。在活动中，学生需要面对多样化的挑战，包括团队合作、角色分配以及应对失败等情境，这些经历有助于培养他们的抗挫折能力和适应复杂环境的能力。同时，这些活动还能增强学生的群体意识，让他们在与同龄人互动中学会如何协调利益、解决冲突，从而形成更加成熟的社会交往能力。

（四）广泛举办学校体育竞赛，培养竞争与协作意识

体育竞赛是学校体育活动的重要组成部分，它通过设置明确的目标和规则，

为学生提供体验竞争与合作的平台。在竞赛中，学生不仅需要发挥个人能力，还必须与团队成员密切配合，这种经历对提升学生的社会适应能力具有深远意义。通过参与体育竞赛，学生能够更清楚地认识到竞争的价值，同时也能在集体合作中感受到团队协作的重要性。竞赛中的失败和成功都能够促使学生更理性地面对结果，帮助他们学会如何调整心态、积累经验。与此同时，体育竞赛还能增强学生的集体荣誉感和责任意识，让他们明白个人的努力如何与集体目标紧密相连。因此，学校应广泛举办体育竞赛，培养学生的竞争与协作意识。

四、社会适应能力的测量

在研究社会适应能力时，如何进行科学有效的测量是一个关键问题。社会适应能力的测量主要围绕个体在自然环境中的表现展开，包括对社会成熟度、学习能力以及行为特征的评估。目前常用的测量方法有以下四种：

（一）临床谈话法

该方法是通过与被试者进行面对面的交流，深入了解个体的心理状态和行为特征。这种方法适用于获取被试者对自身适应能力的主观认知，以及他们在具体情境中的表现。这种方法的优点在于灵活性强，能够根据被试者的反应及时调整提问方向，但劣势在于结果可能受到主观因素的影响。

（二）实验法

实验法是通过设置特定的社会情境，观察被试者在该情境中的表现，评估其社会适应能力。例如，通过模拟团队合作任务，研究被试者在压力环境下的表现。这种方法的优点是结果较为客观，但局限性在于实验情境可能无法完全反映现实中的复杂社会环境。

（三）社会测量法

社会测量法是通过分析被试者与其社会网络中的其他成员之间的互动关系，评估其社会适应能力的一种方法。例如，通过观察被试者在群体中的角色地位和与他人的关系强度，判断其社会化水平。这种方法能够全面反映被试者的社会适应状况，但需要依赖复杂的数据分析技术。

（四）问卷调查法

问卷调查法是通过设计结构化的问卷，收集被试者的自我报告数据，评估其在不同情境下的社会适应能力。这种方法操作简便，适用于大规模的研究，但其结果可能受到被试者回答真实性的影响。

第六章　青少年体质健康促进的保障措施及服务体系构建

第一节　青少年健康生活方式的养成

一、养成良好的饮食习惯

健康的饮食是构建科学生活方式的基础之一，对于青少年的身体发育和体育锻炼的支持尤为重要。合理的饮食习惯能够为机体提供必要的营养和能量，帮助青少年在成长过程中维持健康的身体机能，并为参与体育活动提供保障。为了培养科学的饮食习惯，青少年在日常生活中应从六个方面入手（见图6-1）。

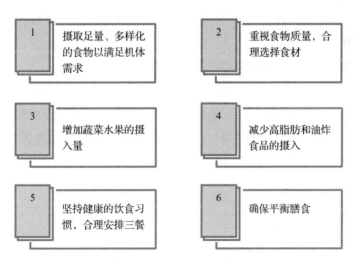

1	摄取足量、多样化的食物以满足机体需求	2	重视食物质量，合理选择食材
3	增加蔬菜水果的摄入量	4	减少高脂肪和油炸食品的摄入
5	坚持健康的饮食习惯，合理安排三餐	6	确保平衡膳食

图 6-1　养成良好饮食习惯的方法

（一）摄取足量、多样化的食物以满足机体需求

青少年正处于身体快速发育的阶段，对能量和营养的需求远高于成年人。

要支持青少年参加体育活动和日常学习，其饮食结构应充分考虑到能量的供给和营养的平衡。在日常膳食中，应保证摄取足够的热量，同时注意食物的多样性，如注意摄入丰富的谷类、肉类、奶制品、蔬菜和水果等。健康的饮食结构不仅可以满足机体能量需求，还能提供足够的蛋白质、碳水化合物、脂肪、维生素和矿物质，支持身体的全面发育。

（二）重视食物质量，合理选择食材

食物的质量直接关系到青少年的健康状况。在选择食材时，应优先选择天然、新鲜、营养高的食品，尽量避免摄入高脂肪、高糖分以及含有过多人工添加剂的食品。特别是在体育锻炼期间，饮食中的营养素比例显得尤为重要。适当增加蛋白质摄入，帮助肌肉修复和增强；适量摄入优质脂肪，如鱼类、坚果和植物油中的不饱和脂肪酸，以满足身体的基本需求；严格控制反式脂肪酸的摄入，避免诱发心血管疾病。

（三）增加蔬菜水果的摄入量

蔬菜和水果是维生素、矿物质以及膳食纤维的重要来源。青少年应在日常饮食中增加蔬菜和水果的摄入，尤其是颜色多样的深色蔬菜和水果，如胡萝卜、菠菜、橙子、蓝莓等。这些食材中富含的抗氧化物质不仅能提高免疫力，还能促进肠道健康，有助于减少便秘和其他消化系统问题的产生。此外，蔬菜和水果中的钙、镁、钾等矿物质还能帮助调节身体的电解质平衡，对参与体育锻炼的青少年非常重要。

（四）减少高脂肪和油炸食品的摄入

高脂肪饮食会增加体脂比例，对青少年的身体发育和运动能力产生负面影响，尤其是经常摄入油炸食品可能导致肥胖、血脂异常甚至增加患心血管疾病的风险。因此，青少年应尽量减少高油脂食物的摄入，避免长期食用炸鸡、薯条、奶油蛋糕等高热量食品。可以通过蒸、煮、炖等健康的烹饪方式替代油炸，这样既能保证食物的口感，又能减少不必要的脂肪摄入。

（五）坚持健康的饮食习惯，合理安排三餐

良好的饮食习惯是健康生活方式的体现。在日常饮食中，青少年应注意三餐的合理搭配，保证能量的持续供应和营养的均衡搭配。早餐作为一天中重要的一餐，应富含碳水化合物和蛋白质，帮助启动一天的身体代谢；午餐应提供充足的热量，以支持学习和活动；晚餐则应避免过于丰盛，以免增加消化负担。与此同时，要尽量减少盐分和糖分的摄入，控制调味品的使用量，降低高血压和肥胖的发生率。此外，饮酒对消化系统和神经系统的影响极为不利，青少年应避免饮酒，以保护身体健康。

（六）确保平衡膳食

为了达到营养均衡的目标，青少年应避免单一的饮食结构。每天的膳食中应尽量包含谷类、蔬菜水果、奶类及其制品、豆类及其制品、动物性食品等多种类别的食物。其中，谷类作为主要能量来源，应适量摄入；蔬菜和水果提供维生素和矿物质；奶类和豆类产品是钙和蛋白质的理想来源；动物性食品则能补充铁、锌等微量元素。通过合理搭配各种食材，能够有效避免因某些营养素摄入不足而引发的健康问题。

二、保持心理稳定与平衡

要建立积极健康的生活方式，青少年在身体发展的同时，也需要注重心理的稳定和平衡。心理健康是青少年全面成长的重要组成部分，对他们的学习能力、人际关系以及未来的发展有着深远影响。因此，加强心理健康教育尤为必要。心理健康教育的核心在于帮助青少年建立积极的情感认知，学会应对压力并促进心理素质的全面发展。在这一过程中需要从以下五个方面入手：

（一）提供专业心理咨询服务

心理咨询工作是心理健康教育的重要环节，为青少年提供专业的心理指导能够帮助他们正确认识和解决生活中的心理问题。通过开设心理咨询室或设立心理热线，可以为青少年提供表达内心感受和寻求支持的渠道。在心理咨询过程中，咨询师应以倾听、理解和引导为原则，帮助青少年找到问题的根源并提出解决方案，从而缓解他们的心理困扰，促进心理健康发展。

（二）开展心理危机干预

当青少年遭遇心理危机或出现较为严重的情绪问题时，及时的干预至关重要。心理危机干预可以通过一系列科学的方法和手段帮助青少年缓解心理压力并走出情绪困境。学校、家庭和社会应形成联动机制，通过发现问题、判断风险、实施干预等多方面合作，避免心理问题对青少年造成长期的负面影响。例如，当学生面临学业压力或人际冲突时，心理干预可以通过一对一的指导、小组辅导等形式帮助他们重建自信心和心理平衡。

（三）进行心理普查

定期开展心理普查是了解青少年心理状况的重要手段。通过心理测评、问卷调查等形式，能够全面掌握青少年的心理特征、情绪状态以及潜在问题。心理普查的目的是为后续的心理教育和干预工作提供数据支持，从而制订更加个性化的教育计划。同时，心理普查还能够提前发现可能存在心理问题的学生群体，为其提供针对性的帮助和支持。

（四）开展心理健康教育培训和讲座

通过心理健康知识的普及，青少年能够更好地认识自己的情绪变化和心理需求。在学校和社区中举办心理健康讲座和培训活动，不仅能够提高学生对心理健康的重视程度，还能够教会他们科学的情绪管理方法和有效的沟通技巧。例如，主题讲座可以围绕"如何管理情绪""如何缓解学习压力"等实际问题展开，让青少年在日常生活中学会运用这些技能，从而提高心理适应能力。

（五）组织心理素质训练营活动

组织心理素质训练营活动是提升青少年心理韧性的重要方式，通过设计丰富多彩的活动内容，如团队协作训练、角色扮演、心理游戏等，帮助青少年在实践中提升自信心、沟通能力和抗挫折能力。训练营通过寓教于乐的方式，不仅可以缓解青少年的学习压力，还能够让他们感受到团队合作的重要性，并培养积极向上的生活态度。

三、做到戒烟限酒

大量的实践与事实表明，长期大量的饮酒、吸烟会严重危害身体，破坏人体器官的各种功能，还不利于心理健康的发展。因此，青少年必须要做到戒烟限酒，尽可能地养成不吸烟、不喝酒的良好习惯。

一般来说，青少年可以采取个人强制治疗、住院封闭治疗和西药治疗相结合的方式来控制饮酒，要积极主动地配合医生进行治疗，从而保证身体健康状况回到正常的轨道中。

四、坚持参加体育锻炼

青少年在平时的生活和学习中要坚持参加体育锻炼，将其看作是日常生活的重要内容。同时，青少年在参加体育锻炼的过程中，还要坚持适量运动的基本原则，根据个人的身体状况、场地、器材和气候条件等选择适合的运动项目，采取合理有效的锻炼手段与方法，安排适当的运动负荷，这样才能保证良好的体育锻炼效果。

第二节　膳食营养的科学搭配

合理的膳食营养是青少年参加体育锻炼必不可少的一个前提。它能为参加体育锻炼提供良好的营养保障。

一、人体所需的营养素

（一）水

青少年坚持参加体育锻炼对体质的增强具有重要的意义。如果长时间参加运动锻炼，体温会随着运动锻炼的进行而逐渐升高，在这样的情况下，会出现较多的排汗，水、盐和维生素都会有一定程度的流失，长此以往，对青少年的身体能力发展是极为不利的。因此，青少年在参加体育锻炼的过程中要及时补充水分，以维持机体的需要。

运动性脱水是青少年在参加体育锻炼时会发生的一种现象，导致这一现象的主要原因在于运动引起体内水分和电解质流失过多，而青少年又未能及时地补充水分。因此，运动中补水是尤为重要的一件事情。

（二）糖类

糖类也是人体所需的一种重要的营养素，能为人体参与各种运动提供必要的能量，因此糖类的补充是非常重要的。在平时的运动锻炼中，青少年摄入糖类的反应存在着一定的差别，这就需要依据因人而异的原则针对实际情况合理地调整。总之，青少年参加体育锻炼需要补充充足的糖类，可以通过饮用不同类型的、不同浓度的饮料来补充，这样才能维持机体的需要。

（三）脂肪

脂肪也是人体所需的重要的营养素，缺少脂肪不仅影响机体参与运动，还会影响人体健康。相关研究表明，青少年坚持长期参加体育锻炼能有效增加机体对脂肪的氧化利用能力，能在一定程度上节约人体内的糖原和蛋白质的消耗，从而促进人体素质的发展，为人体参与运动提供良好的保障。

（四）蛋白质

蛋白质也是人体所需的重要营养素，它直接影响着人体运动能力的发展。青少年在参加体育运动锻炼的过程中，耐力性运动能使蛋白质分解加强，合成速度减慢，机体尿氮和汗氮排出量增加。而力量性运动则能使活动肌群蛋白质的合成增加，促使人体肌肉不断增长。

在平时的体育锻炼中，青少年一定要结合具体实际合理地补充蛋白质，在补充蛋白质的过程中要注意补充的量，不能盲目补充，否则会影响身体的正常成长与发展。

人体参与运动离不开蛋白质的参与，只有补充充足的蛋白质，才能保证运动锻炼的顺利进行。但需要注意的是，蛋白质的补充要合理，切忌过量补充。

（五）维生素

维生素是人体必需的一种营养素。如果缺乏维生素，人体的发展就会出现紊乱，导致出现各种问题。因此，青少年一定要注意维生素的合理补充。

青少年在参加体育锻炼的过程中，物质代谢不断加强，对维生素的需要量也随之增加，因此及时补充维生素是尤为必要的，如此能保障机体运动的正常进行。

大量的实践与事实表明，维生素的缺乏对人体具有不良影响。在维生素缺乏的情况下，人体运动能力会下降，整个锻炼活动难以顺利进行。缺乏维生素后，运动者通常会感到倦怠、无力，出现头晕、便秘和疲劳等症状。因此，青少年参加体育锻炼一定要注意补充足量的维生素，但不能过量补充，否则会给机体带来不良影响。

（六）矿物质

矿物质在人体健康和机能发展中扮演着重要角色，而其中钙、铁、锌是青少年身体成长和参与体育锻炼时尤为重要的三种矿物质。合理补充这些矿物质能够有效支持青少年的健康成长与运动表现。

1. 钙

青少年在体育运动中经常会大量出汗，汗液的排出不仅带走了水分，还导致了体内钙的流失。钙是骨骼和牙齿的重要组成部分，也是肌肉收缩和神经传导的关键元素。若钙摄入不足，容易导致肌肉痉挛和骨密度下降，从而影响骨骼的强健程度和健康发育。长期缺钙还可能增加骨折的风险，并对未来的骨骼健康埋下隐患。在日常生活中，青少年可以通过饮食合理补充钙质。例如，奶及奶制品是钙的优质来源。豆类食品、绿叶蔬菜和坚果中也含有一定量的钙。通过科学合理地安排饮食，可以有效避免钙缺乏带来的问题。此外，为了促进钙的吸收，日常需要多接触阳光，因为维生素 D 在体内的合成需要日晒作为催化剂，这对钙的吸收和骨骼发育具有重要意义。

2. 铁

铁是合成血红蛋白的重要元素，而血红蛋白则是人体运输氧气的关键载体。在高强度的体育运动中，身体对氧气的需求大幅提高，而铁元素的流失也会随着汗液的排出逐步增加。此外，运动过程中机体对铁的吸收效率可能降低，而长时间缺铁会导致红细胞被破坏，最终引发贫血症状，如疲劳、头晕和体力下降，这些问题都会对青少年的运动表现和日常生活造成负面影响。为了保证铁的充足摄入，青少年应多食用含铁丰富的食物，如红肉（如牛肉和羊肉）、动物肝脏、鸡蛋以及海鲜等。同时，也可以从植物性食物中获取铁，如菠菜、豆类和强化谷物食品。不过，植物性食物中的非血红素铁吸收率相对较低，因此在摄入这些食物时，搭配富含维生素C的食物，如柑橘类水果、番茄或红椒，可以提高铁的吸收效率。此外，对于存在严重缺铁问题的青少年，在医生的建议下可以适当补充铁剂。

3. 锌

锌是参与多种生理功能的关键矿物质，尤其在青少年体育运动中，锌的作用更加显著。锌不仅是多种酶的组成成分，还与免疫功能、蛋白质合成和伤口愈合密切相关。无氧运动可以促进体内锌含量的暂时增加，而长时间的有氧运动则可能导致锌含量逐步下降。锌的不足会削弱免疫力、延缓伤口愈合速度，并可能影响青少年的运动能力。为了满足机体对锌的需求，青少年应通过合理饮食进行补充。含锌量高的食物包括海鲜（如牡蛎和鱼类）、瘦肉、鸡蛋以及坚果类食品。此外，全谷物和豆类食品中也含有一定量的锌。为了保证锌的充分吸收，需避免与高钙或高铁的食物同时大量摄入，因为这些矿物质可能与锌在吸收过程中产生竞争。因此，在膳食安排上需要合理搭配，确保营养均衡。

二、青少年不良的膳食行为

青少年要想促进自身的健康成长与发展，就需要培养良好的膳食习惯，在平时的生活中注意科学地饮食与合理摄入营养。但目前的现实情况是，很多青少年对膳食营养的认识不够，养成了一些不良的饮食习惯，这需要以后逐步改善。总体而言，青少年的不良膳食行为主要有以下七种：

（一）挑食或偏食

绝大多数的青少年都能认识到偏食或挑食的坏处，尽管如此，挑食或偏食现象还是普遍存在。青少年常见的挑食或偏食行为主要有不喜欢喝牛奶、不爱吃蔬菜，没有吃时令水果的习惯等。长期如此，青少年体内的营养物质就容易失衡，对于身体健康是十分不利的。

（二）喜欢吃零食和快餐

在当今社会背景下，很多青少年喜欢吃快餐和零食。很多青少年钟爱高盐、高糖、高脂和高味精零食，而这些零食中的添加剂比较多，营养价值也不大，还容易导致肥胖。

伴随着经济全球化的发展，西方饮食文化对我国产生了很大影响。很多青少年喜欢吃快餐，而这些快餐食品中含有比较多的脂肪，热量高，矿物质和膳食纤维含量很少。以一份含有汉堡、薯条的快餐为例，总热量大约是1185~1466千卡，其中40%~59%的热量是脂肪提供的，而维生素、矿物质含量远远没有达到合理膳食推荐标准。因此，这些快餐营养价值低，长期食用对于青少年的健康发育是非常不利的。

（三）就餐时玩手机或电脑

随着现代社会的不断发展，手机和电脑成为人们日常生活的必需品，而青少年更是对这些电子产品感兴趣，一天中的很长时间都在接触手机或电脑，甚至在吃饭时也会玩手机，这非常不利于食物的吸收与消化，不利于机体肠胃功能的发展。长此以往，容易出现胃肠道疾病。有一部分青少年沉迷手机游戏，甚至达到了"废寝忘食"的地步，这容易导致营养不足甚至营养不良，严重影响青少年的健康成长。

（四）喜欢吃街头食品

一般来说，城市中的食品摊点非常多，但卫生水平可能不容乐观。相关调查发现，有很多的摊贩没有卫生许可证、健康证等，食材难言干净，食品中含有大量的添加剂，餐具没有采取消毒措施等。这严重危害着喜欢吃街头食品的青少年的身体健康。另外，还有一些不良商家为了降低成本、扩大销售、增加利润，大量贩卖不卫生的食品，这对于青少年的身体健康发展是非常不利的。

（五）过多摄入烧烤类食物

每一座城市都有很多的烧烤摊点，卖各种烧烤食品，如熏肉、熏鱼、烤羊肉串、烤肠等，这些食物风味独特，深受众多青少年的欢迎和喜爱。但需要注意的是，这些烧烤类食品营养价值并不大，其中甚至还含有一些有害物质，危害人体健康，因此青少年不宜过多摄入这类食物。

（六）用饮料代替白开水

目前，市场上销售的饮料多种多样，吸引了大量的人群参与消费，青少年就是其中重要的消费群体。有很多青少年仅仅依靠饮料解决口渴问题，而用饮料代替白开水是有很大危害性的，这主要表现在以下四个方面：一是饮料的含糖量相对较高，长期饮用大量的饮料会在一定程度上损坏牙齿，并且容易导致糖尿病。二是过量饮用碳酸饮料会在一定程度上阻碍骨骼的生长，容易发生骨折。三是过量饮用饮料会在一定程度上影响食欲和肠胃功能。四是很多饮料中含有大量的防腐剂或香精，长期饮用会导致机体肝肾功能的衰弱。

（七）盲目节食减肥

处于青春期的青少年对自己的形体有着较高的要求，他们追求骨感美，追求穿着的时尚。为了达到这一目的，很多青少年，尤其是女生，往往选择节食减肥，以期获得良好的体型。但是节食减肥通常会导致不良的后果，如厌食、贫血、月经不调等，久而久之还会导致新陈代谢紊乱，出现各种身心疾病。这对于青少年的健康成长是十分不利的。

三、合理的膳食营养

（一）膳食营养的原则

合理的膳食营养对于青少年的身体发育和健康成长至关重要，其核心在于科学均衡的营养搭配以及良好的饮食结构。

1. 维持三大营养素的科学比例

科学研究和实践表明，糖类、蛋白质和脂肪的适当比例对于维持人体的正常代谢和促进健康成长具有重要意义。膳食中，糖类应占总能量的60%~70%，蛋白质占10%~15%，脂肪则应控制在20%~25%的范围内。这样的比例不仅能够满足青少年在学习和运动中对能量的需求，还能有效避免因营养过剩或不足而导致的健康问题。例如，糖类作为主要的能量来源，人体在摄入时应优先选择优质碳水化合物，如全谷物和杂粮，而非高糖食品。蛋白质的摄入则可以通过瘦肉、鱼类、蛋类和豆类等优质蛋白食物来实现。脂肪则建议以不饱和脂肪酸为主，如坚果、种子和鱼类中含有的脂肪，同时减少饱和脂肪酸的摄入。

2. 三餐合理搭配与食物多样化

青少年的一日三餐需要合理搭配，既要满足能量需求，也要注重营养均衡。早餐应保证充足的能量供应，如通过谷类、乳制品和水果搭配来实现；午餐需兼顾蛋白质、碳水化合物和蔬菜的比例，确保膳食均衡；晚餐则宜清淡但富含营养，以利于消化和吸收。

在食物选择上，青少年应注重多样化，确保从不同种类的食物中摄取足够的营养。动物性食物和植物性食物的合理搭配，不仅可以提高饮食的营养价值，还能促进食物的消化与吸收。例如，肉类和蔬菜的搭配可以通过动物性蛋白和植物纤维的相互作用达到优化营养吸收的效果。此外，富含膳食纤维的全谷物和蔬果有助于改善消化功能，而优质脂肪和蛋白质则可以提供长时间的饱腹感与稳定的能量供应。

（二）膳食营养的需求

合理膳食对于经常参与体育锻炼的青少年至关重要。青少年正处于身体发育和成长的关键阶段，其对营养素的需求较普通人群更高。因此，在日常饮食中，科学地补充营养素不仅有助于维持机体功能，还能提高体育锻炼的效果和身体健康水平。以下是对五类关键营养素需求的详细分析：

1. 对热源营养素有特殊需求

热源营养素是青少年日常能量供给的重要来源，经常参与体育锻炼的青少年尤其需要额外的热量支持。膳食安排中应优先考虑以谷类和动物性食物为主，如米饭、全麦面包、瘦肉、鱼类等，同时搭配水果和坚果。这些食物不仅能为机体提供充足的热量，还能补充多种微量元素，有助于提高耐力和运动表现。此外，建议根据不同运动项目的能量消耗特点调整热源摄入。例如，长跑训练需要更多碳水化合物作为能量储备，而力量训练则需要增加蛋白质的摄入。

2. 蛋白质的补充

蛋白质是青少年机体生长和修复的重要组成部分。在高强度锻炼中，肌肉纤维可能会出现轻微损伤，适量补充优质蛋白质能够加速肌肉修复并增强运动能力。优质蛋白质的来源包括鸡蛋、牛奶、瘦肉、鱼类和大豆制品等，这些食物可以有效预防运动疲劳，同时为青少年提供必要的肌肉方面的支持。在大运动量的训练阶段，可以适当增加每日蛋白质摄入量，以满足机体需求。此外，还应注意蛋白质的分配，合理安排三餐中蛋白质的摄入时间，避免因过度集中摄入而影响吸收效果。

3. 无机盐的补充

无机盐是维持机体电解质平衡和运动能力的重要元素。参与体育锻炼的青少年由于大量出汗，容易导致无机盐流失，从而引发肌肉痉挛、运动能力下降等问题。因此，适量补充无机盐显得尤为关键。建议经常锻炼的青少年每日补充 6~10 克食盐。此外，还需关注钙、铁等微量元素的摄入。例如，钙的摄入量应保持在每日 1000~1200 毫克，铁的摄入量建议在每日 20~25 毫克。可以通过多食用乳制品、深绿色蔬菜、瘦肉和动物肝脏等食物来补充这些元素，同时选择含钙量高的矿泉水也是不错的选择。

4. 维生素的补充

维生素在参与机体代谢和调节功能方面扮演着不可或缺的角色。青少年在高强度运动后，由于代谢加速，体内维生素消耗会明显增加，因此在饮食中补充足够的维生素对于消除疲劳和维持健康状态至关重要。例如，维生素 E 具有抗氧化作用，能够清除运动后产生的自由基，减轻运动疲劳，建议多摄入富含维生素 E 的食物，如坚果、植物油和绿色叶菜。此外，维生素 C 也可以帮助提高免疫力，促进运动后的身体恢复，其主要来源包括柑橘类水果、草莓和番茄等。

5. 水分的补充

水分是生命活动的基础，在体育锻炼中，青少年通过汗液和呼吸会损失大量水分，及时补水有助于维持体内水盐平衡，防止脱水对身体造成负面影响。例如，在长时间运动时，青少年可能会因水分丢失过多而感到疲劳甚至出现心血管负担。因此，应注意在运动前、运动中、运动后合理补水。推荐每隔 20~30 分钟补充 150~250 毫升的水，运动量较大的情况下可选择电解质饮料，以快速补充丢失的矿物质和水分。

四、日常膳食营养注意事项

（一）食物多样，谷类为主，粗细搭配

每一种食物的营养成分都存在着一定的差异，因此要保证食物的多样化才能实现合理膳食营养的目的。在我国传统饮食中，谷类食物占据着人们日常主食的大部分，如面、米、杂粮等能为人体提供足量的蛋白质、糖类、B 族维生素和膳食纤维等。在食用的过程中，要注意粗细的搭配，常吃一些杂粮、粗粮和全谷类食物，这样能很好地维持营养的均衡，有利于身体健康发展。

（二）多吃蔬菜水果和薯类

蔬菜水果中含有大量的矿物质、维生素和膳食纤维等营养素，这些营养素都是人体所必需的，因此在日常膳食中，多吃蔬菜水果是尤为必要的。

薯类含有大量的膳食纤维、矿物质和维生素等营养素，经常食用薯类能帮助青少年很好地维持肠道正常功能，提高人体免疫力，降低疾病发生的概率。因此，在平时的膳食中也可以适当食用一些薯类。

（三）每天吃奶类、大豆或其制品

奶类中含有钙、蛋白和维生素等成分，是钙质的最佳来源，青少年时期正是骨骼发育的良好时期，因此每天吃一些奶类及其制品是非常重要的。这非常有利于青少年的骨骼健康。

大豆中含有丰富的蛋白、维生素、脂肪酸和膳食纤维等，在平时的膳食中适当地食用豆制品也有利于青少年体质的健康发展。

（四）常吃适量的鱼、禽、蛋和瘦畜肉

鱼、禽、蛋和瘦畜肉等食物中含有丰富的蛋白质、脂类、脂溶性维生素、B族维生素等，这些元素都是人体所必需的营养素，一定要注意合理的补充。

我国青少年摄入的动物性食物较多，如猪肉、牛肉等，禽肉和鱼肉相对较少，可以在今后的生活中适当地摄入这些食物，以保证营养的均衡性。

（五）减少烹调油，吃清淡少盐膳食

脂肪是人体所需的重要营养素，它能为人体提供必需的脂肪酸，有利于脂溶性维生素的消化和吸收。因此，要注意脂肪的摄入。但需要注意的是，青少年脂肪的摄入量要适当，不能过多，否则就容易引起肥胖症、高脂血症等。实际上，经常会看到有很多的青少年患有肥胖症，其中一个非常重要的原因就是摄入了过多的脂肪。因此，在平时的膳食营养中，要尽可能地养成清淡膳食的良好习惯，不要摄食过多的动物性食物和油炸、腌制等食物，这样才能有效避免肥胖症。

（六）食不过量，保持健康体重

食物中含有大量的能量，人体在运动的过程中会消耗大量的能量，因此摄入的能量一定要充足。但也要把握进食的量，否则多余的能量会以脂肪的形式存储下来从而增加体重，长此以往，就容易导致肥胖症。因此，青少年在平时的生活和参与体育锻炼期间要做到食不过量，保持健康体重。

第三节　运动损伤与疾病的及时防治

青少年在参加体育锻炼的过程中，或因为准备活动不足，或因为锻炼环境

或器材存在问题，有时候会发生一些运动伤病，这是比较常见的现象。为更好地预防运动伤病，发生运动伤病时能及时有效地治疗，青少年就需要学习和掌握运动伤病的基本知识与处理方法。

一、运动伤病的特点

（一）运动损伤的特点

与一般的损伤相比，运动损伤具有自身独特的特点，这主要表现在两个方面：一是不同运动项目，技术特点不同，训练方法不同，发生的运动损伤也表现出一定的差别。二是慢性小损伤是最为常见的运动损伤，一般多在软组织、骨、神经以及血管等部位发生，局部部位过度疲劳是导致这一类运动损伤的主要原因。

为预防运动损伤，青少年要充分了解运动项目的技术动作与受伤机制。发生运动损伤后，青少年要暂时停止参加体育锻炼，否则会加重运动损伤。

（二）运动疾病的特点

发展到现在，运动疾病的特征研究成为一个重要的课题，在运动医学、体育保健学等学科的研究中，运动疾病的研究都是非常重要的内容。总的来看，运动疾病主要有以下三个特点：

1. 运动疾病与体育运动的关系非常密切

发生运动疾病的主要原因在于运动负荷量与运动强度过大，长时间参加这样的体育运动锻炼难免就会发生运动疾病。运动疾病与普通疾病诱发的原因是不同的，因此两者有着较大的区别。运动疾病与运动有着极为密切的关系，如果在运动中突然承受过重的运动负荷，就会出现过度疲劳、过度紧张的症状，这都是运动疾病的重要特征。

要判断参与体育锻炼的青少年是否患有运动疾病就需要对其进行一定的诊断，诊断的内容主要包括五个部分：一是青少年的过往运动史，二是青少年日常锻炼内容，三是青少年的日常锻炼日记，四是青少年在运动锻炼过程中表现出的心理状态，五是青少年的运动锻炼效果。

大量的实践充分表明，在运动疾病的预防和治疗方面，体育运动发挥着重要的作用。很多运动疾病都是运动量或运动负荷不合理而导致的，所以合理安排运动负荷、控制运动强度是预防和治疗运动疾病的着眼点。据调查分析，不管是发病原因，还是诊断治疗以及预防等，体育运动都在其中扮演着十分重要的角色。

2. 运动疾病的临床特征

普通人与专业运动员之间在生理机能方面有着较大的区别，其原因主要是专业运动员长期参加运动训练，如高水平耐力运动员经过科学而系统的专项训练，与一般人相比，在生理机能上表现出了心脏肥大或窦性心律过缓的特征。体育运动者的生理机能变化有些是正常的变化，有些是病理变化，具体是哪种类型，就需要从体育运动者的具体运动水平出发来判断，并区别对待，体育指导员、教练员及体育卫生工作者等相关人员必须具备这方面的基本能力。

3. 运动疾病和一般内科疾病容易被混淆

如果不注意，内科疾病与运动疾病就容易使人产生混淆，但实际上两者之间有着本质的区别。例如，青少年在参加体育锻炼的过程中，有时候会感到腹部疼痛，此时要先检查、判断并明确这是否是急腹症的症状或问题，如果不是，则是典型的运动疾病，即运动腹痛，而如果不先检查和判断，在不明确的情况下就认定是运动腹痛，就容易造成误诊，这就会对后续的治疗带来较大的难度。

因此，青少年要充分掌握运动疾病的相关知识和一般疾病的基本常识，具备判断常见疾病的能力，这样才能针对体育运动者在运动中出现的不适症状进行准确判断，从而有助于后续的对症下药。

二、运动损伤的防治

（一）发生运动损伤的原因

1. 欠缺对运动损伤预防的认识

相关调查发现，很多青少年对运动损伤的认识存在一定的问题，他们没有充分认识到运动损伤对体育锻炼的影响。在参加体育锻炼的过程中，对运动损伤的防范意识不够会带来较大的运动风险。据相关数据统计，大多数运动损伤的出现与安全意识欠缺有着密切的关系。因此，青少年一定要树立起防范运动损伤的意识，并将之贯彻到运动的始终。

2. 运动安排不合理

（1）缺乏合理的准备活动。大量的实践表明，准备活动对于青少年参加体育锻炼而言是十分必要的。青少年在参加任何体育活动时都要做好充分的准备活动。它的重要意义在于，通过一定的小负荷活动提高中枢神经系统和运动系统的兴奋性，使人体从相对的静止状态过渡到紧张的活动状态，以适应正式运动的需要。但是，很多青少年没有重视此项活动，缺乏参加准备活动的意识，即使有准备活动，也是应付一下，准备活动不系统、不全面，这非常容易导致运动损伤。

（2）运动负荷过大。青少年参加体育运动锻炼要有一定的运动负荷，只有如此才能保证锻炼的效果。但是运动负荷的安排一定要合理，不能为了求大求多，一味强调大运动负荷的训练，否则容易使青少年的身体难以承受而引发运动损伤。另外，运动负荷过大还会导致一些间接增加运动损伤的情况，如在大负荷运动后身体没有得到彻底的恢复而又开始下一次运动，容易导致运动性疲劳，进而引发运动损伤。由此可见，青少年在参加运动锻炼的过程中一定要注意运动负荷的合理安排。

（3）运动项目选择不当。青少年参加体育运动锻炼时，可以根据自己的兴趣和爱好自由选择多种形式的运动项目，对于那些明显超出自身能力范畴的运动则应该谨慎参与，这些项目对人的体能及技术要求都相对较高，没有良好体能和技术能力的青少年最好不要选择此类运动项目，以免发生运动损伤。

（4）运动组织方法不当。良好的运动组织会对青少年的体育锻炼产生非常重要的影响。良好的运动组织主要表现为正确的组织原则、合理的组织步骤、严谨的过程管理以及全面的总结。青少年在体育锻炼的过程中尤其要注意遵守运动锻炼的纪律，明确运动规则，严禁做出有违体育道德的粗野行为。

3. 身体状态和心理状态不良

大量的实践表明，人的身体和心理状态会在一定程度上影响运动水平的高低。身心状态不佳主要包括睡眠不足、睡眠质量不高、患病受伤或处于伤病初愈阶段。身心状态不佳直接会导致肌肉力量不足、动作变形、身体协调性和平衡性出现下降、注意力涣散、反应较迟缓等现象。如果青少年在这种状态下参加运动锻炼，就容易导致运动损伤。

4. 慢性劳损

慢性劳损是一种运动员因身体局部过度活动、长期负重或者某部位受到持续、反复的外力作用而造成的慢性积累性损伤。青少年长期参加体育锻炼是容易导致慢性劳损的。

慢性劳损主要发病于人体主要的活动枢纽部位，如腰部、髌骨等部位。这种损伤的特点较为顽固、不易治愈。对于青少年而言，发生慢性劳损的概率还是比较低的，其发生与缺乏科学的体育锻炼也有着密切的关系。

5. 肌肉收缩力下降

相关研究和实践表明，人体肌肉收缩力下降时容易引发运动损伤。导致肌肉收缩力下降的因素多为技术动作僵硬、动作不合理、肌肉收缩不协调等，当发生这些现象时，容易导致运动损伤。

6. 环境因素影响

对于生活在学校中的青少年而言，很多学校的体育场馆与设施面临着老化和缺乏维修的窘境。例如，足球场地坑洼不平，篮球场地为石灰地，游泳池中水质不达标，塑胶跑道胶粒被磨平等。此外，运动场地周边的卫生环境以及运动时佩戴的必要护具等，都需要提前管理和检查妥当，同时还要注意在不同的季节合理安排体育锻炼内容。

7. 缺乏医务监督

青少年在参加体育锻炼的过程中要讲究科学合理的基本原则，确保锻炼活动的顺利进行，选择的运动项目一定要符合自身具体实际。从理论上来说，当青少年选择某项运动项目时，首先应该进行体检及运动功能评定，以为其提供科学的身体数据，使其能够制订针对性的运动计划，这样也能有效地避免运动损伤。

（二）运动损伤的预防

1. 运动损伤预防的原则

在青少年参与体育锻炼的过程中，运动损伤的预防是一项至关重要的任务。科学合理的预防措施不仅能够减少运动损伤的发生，还能够提升青少年参与体育活动的安全性和积极性。运动损伤预防的原则主要有五个（见图 6-2）。

1 提升意识原则

2 合理负荷原则

3 全面加强原则

4 医务监督原则

5 自我保护原则

图 6-2　运动损伤预防的原则

（1）提升意识原则。运动损伤预防的首要任务是增强青少年的防护意识。只有在思想上高度重视，才能在行动中有效避免损伤的发生。因此，应积极开展有关运动安全和损伤预防的宣传教育。例如，学校和社区可以通过开展专题讲座、海报宣传以及视频演示等形式，让青少年了解运动损伤的基本类型、常见原因以及防护措施。此外，通过将防护知识融入体育课程内容，可以让学生在学习的同时掌握预防技能。例如，学习如何正确地热身、拉伸和放松肌肉，以及掌握适合自身的训练节奏。培养良好的防护意识是减少运动损伤的基础。

（2）合理负荷原则。运动负荷的合理安排直接影响青少年的运动安全性。过度负荷训练往往会导致肌肉和关节的过度疲劳，甚至引发慢性损伤。因此，青少年在参加体育锻炼时，应根据自身的身体状况、年龄特点和体能水平来合理分配运动强度和训练时间。例如，在力量训练中，可以根据体能逐渐增加负荷，而不是一味追求高强度的训练效果。同时，教练和教师应特别注意青少年的生长发育特点，避免在身体尚未完全成熟时进行过于剧烈的训练。尽管适度的高负荷训练可以提升身体素质，但是仍需遵循循序渐进的原则，使身体有充分的适应时间。

（3）全面加强原则。青少年运动损伤的预防还需要从身体素质的全面发展入手。局部素质的不足或失衡往往是运动损伤的诱因。例如，如果一个学生下肢力量强大而核心力量不足，在跑步或跳跃中可能会因为腰部和髋部的力量不平衡而引发损伤。因此，运动训练时需要注重全身协调发展。例如，在跑步训练中，可以加入核心力量训练和灵敏度训练，以提升身体的整体平衡能力。此外，多样化的运动项目也有助于避免单一训练造成局部部位的过度使用。例如，在长期参与篮球训练的同时，可以增加游泳等低冲击运动，以缓解肌肉和关节的负担。

（4）医务监督原则。医务监督是运动损伤预防中的重要环节。定期对青少年进行体检，了解其身体状况，可以帮助发现潜在的健康问题，从而避免身体状态不适而参与高强度运动。此外，对运动场地、器械和护具的安全检查同样不可忽视。例如，检查运动场地是否存在坑洼、器材是否老化、护具是否符合使用要求。这些都能够最大限度地降低安全隐患。在日常训练中，教练和教师还可以通过观察学生的运动表现，及时发现其身体的异常反应，如疲劳过度或动作变形，并适时调整训练计划。

（5）自我保护原则。自我保护是青少年在运动中必须掌握的重要技能。青少年需要具备强烈的自我保护意识。例如，在进行对抗性较强的运动时，要主动避开危险动作或过度激烈的身体接触。同时，掌握正确的运动技巧和保护动作也是必不可少的。例如，在篮球运动中，学习如何正确地落地可以减少膝关节受伤的风险；在摔跤或柔道训练中，掌握摔倒时的缓冲技巧可以有效降低运动损伤的可能性。此外，青少年在运动中还需要学会判断身体疲劳的信号。例如，当感到肌肉酸痛或关节不适时，应主动降低运动强度或停止训练，以避免损伤的进一步恶化。

2. 运动损伤预防的措施

在参与体育活动时，青少年需要采取科学的预防措施，减少运动损伤的风险，保障训练和比赛的安全性。这些措施既需要从身体素质的提升入手，也需要在运动实践中加强防护意识和技能。

（1）增强力量素质。在多种身体素质中，力量素质是预防运动损伤的重要基础。肌肉力量的提升可以显著提高青少年的运动能力，为身体提供稳定的支持和足够的爆发力。例如，在足球或篮球等对抗性运动中，拥有更强肌肉力量的运动者能够更好地承受碰撞，并在应对身体冲撞时降低受伤风险。针对不同的运动项目，青少年还应重点加强薄弱环节的训练。例如，跑步者需要注重下肢力量的提升，而游泳运动员则需要注重上肢和核心肌群的强化。通过执行科学合理的训练计划，实现身体素质的全面发展，不仅可以提高运动表现，还能减少因体能不足而导致的运动损伤。

（2）定期体检与监控。运动前、运动中、运动后阶段的体检和健康监控是保障运动安全的关键环节。特别是对曾经经历过运动损伤的青少年，需要重点关注其易损伤部位的健康状况。例如，长期从事跳跃运动的学生，应定期检查膝关节和踝关节的稳定性与负荷能力，避免因过度使用导致劳损。通过详细的身体评估，能够及时发现潜在的健康问题，从而为后续的训练负荷调整和运动方式选择提供科学依据。此外，运动者还需要培养自我监控的意识。对于一些运动中可能出现的不适症状，如持续性肌肉酸痛或关节僵硬等，青少年应及时向教练或医生反馈，并根据建议调整训练计划。

（3）掌握项目特性与防护技巧。不同运动项目的特性决定了预防运动损伤的具体方法。例如，田径运动员需要重点做好热身与拉伸运动，以提高肌肉的柔韧性和关节活动度，而冰雪运动员则需要佩戴专业护具，并熟悉自我保护动作，以减少摔倒时的冲击力。青少年在选择体育项目时，应首先了解该项目的运动特点和潜在风险，并在实际参与中做好必要的防护准备。例如，佩戴护膝、护肘等专业装备，穿着符合标准的运动鞋，以及在训练前进行充分的热身和动态拉伸等。这些措施都能够为运动提供多一重的安全保障。

（4）强化三方协作机制。有效预防运动损伤离不开青少年、医务人员和体育活动组织者三者的通力合作。首先，青少年作为直接参与者，应不断提升运动安全知识水平，掌握基本的损伤急救技能。例如，通过参加体育课程中的急救培训或运动损伤防护讲座，学习如何正确处理扭伤、拉伤等常见问题。其次，医生的专业指导对于预防和处理运动损伤具有重要意义。医生可以通过科学评估，为青少年制订个性化的运动计划，并提供针对性的医疗建议。最后，体育活动组织者需要为青少年提供安全的运动环境。例如，定期检查运动器械的安全性，确保场地无潜在隐患，并在组织活动时配备急救设施和专业人员。

（5）增强安全教育与防护技能。加强青少年的运动安全教育是预防运动损伤的重要措施之一。学校、社区或体育活动组织可以定期举办关于运动安全和急救知识的讲座等。例如，通过模拟训练的方式，让青少年亲身实践如何正确佩戴护具、使用急救箱，或者学习心肺复苏术和其他急救技能。同时，还可以通过生动的案例教学，帮助青少年更直观地了解运动损伤的原因及其可能带来的后果，从而强化其防护意识。

（三）运动损伤的处理

1. 擦伤的症状及处理方法

（1）症状。擦伤是指皮肤被粗糙物体摩擦而引起的损伤。擦伤大多数为皮肤受损，严重的擦伤还会出血及有组织液渗出。

（2）处理方法。①小面积的擦伤可用清水、生理盐水等冲洗干净，不需要额外的包扎和上药，能很快得到恢复。②较大面积的擦伤可以用碘酒或者酒精消毒，处理完毕后盖上凡士林纱布，并妥善包扎，避免受到感染。③关节周围发生擦伤时要清洗干净伤处并进行消毒，可以在伤口处涂敷红霉素软膏，以加快伤口处的恢复速度。

2. 拉伤的症状及处理方法

（1）症状。拉伤是指肌肉受到强烈牵拉而引发的肌肉纤维损伤，一般情况下主要分为部分拉伤和完全拉伤两种。青少年在参加体育锻炼的过程中，大腿或小腿的肌肉处较容易发生肌肉拉伤现象。

青少年在参加体育锻炼时，如果发生拉伤，拉伤部位会感到疼痛、肿胀、有压痛感以及出现肌肉功能障碍等。如果肌肉完全断裂则会失去正常功能，断裂处可摸到明显凹陷及周边异常隆起的肌肉断端。

（2）处理方法。①采用氯乙烷镇痛喷雾剂喷涂损伤处，然后冷敷并加压包扎。②肌纤维轻度拉伤及肌肉痉挛者可使用针刺疗法。③如果伤者的肌肉、肌腱部分或者完全断裂，则需要局部加压包扎并固定患肢，然后送往医院及时救治。④如果要按摩，需要在拉伤48小时后进行，按摩手法一定要掌握好，不能过轻或过重，否则就难以获得理想的效果。

3. 撕裂伤的症状及处理方法

（1）症状。撕裂伤是指皮肤受物体打击导致的裂口损伤。例如，拳击比赛中由于眉弓位置频繁遭受击打而导致的眉弓开裂就是撕裂伤。撕裂伤有开放性和闭合性两种。开放性撕裂伤会伴随出血、撕裂处周围肿胀等症状；闭合性撕裂伤没有出血，但触及伤处时有凹陷感和剧烈疼痛症状。

青少年在参加体育锻炼时，撕裂伤并不经常发生，撕裂伤主要包括眉际撕裂伤和跟腱撕裂伤两种。青少年要针对不同的撕裂伤采取不同的治疗方法。

（2）处理方法。①较轻的撕裂伤可先消毒，然后用止血药进行止血，再用消毒纱布覆盖加压包扎。②如果撕裂处流血不止，则应在靠近伤口处缚以止血带后送往医院。③如果撕裂处的伤口较大、较深，则非常容易被感染，此时应立即将伤者送往医院进行治疗。

4. 挫伤的症状及处理方法

（1）症状。挫伤是指钝性外力作用导致的伤处及其深部组织的闭合性损伤。发生挫伤时，受伤部位出现疼痛、肿胀、皮下出血等现象，需要及时做处理。

（2）处理方法。①青少年在参加体育锻炼的过程中，如果发生挫伤，要立即局部冷敷、外敷新伤药等，并进行适当的加压包扎。②肱四头肌和小腿后群肌肉容易发生挫伤，发生挫伤时通常伴有肌肉的损伤或断裂等现象，还比较容易形成血肿，要对患处进行包扎固定后送往医院进行救治。③挫伤严重者可能会出现休克症状，发生休克时要注意周围环境的通风、保温，并帮助患者止血，在做简单的处理后及时送往医院进行诊治。

5. 膝关节侧副韧带损伤的症状及处理方法

（1）症状。膝关节侧副韧带部位的损伤主要是由膝关节弯曲时小腿突然外展外旋或当脚和小腿固定时大腿突然内收内旋导致的。发生这一运动损伤后，患者受伤部位会出现疼痛、肿胀、压痛、功能受限等症状。

（2）处理方法。①轻度膝关节侧副韧带损伤只需要患处外敷药、内服消肿止痛药即可，之后可配合按摩和理疗。②中度膝关节侧副韧带损伤应进行伤处局部冷敷，并加压包扎，限制膝部活动。③重度膝关节侧副韧带损伤主要是韧带发生了断裂，应尽快送往医院进行诊治。

6. 踝关节扭伤的症状及处理方法

（1）症状。青少年在参加运动锻炼的过程中，踝关节容易出现运动损伤，这主要是跳起落地失去平衡或踝关节过度内外翻导致的，其症状主要有患处肿胀、疼痛、皮下瘀血等。

（2）处理方法。①冷敷，并做固定包扎。②发生运动损伤后，必要时可打封闭治疗。③严重的扭伤应使用石膏固定。④损伤情况有所好转后可进行一些功能性练习。

7. 指间关节扭伤的症状及处理方法

（1）症状。指间关节扭伤是手指受到侧向外力冲击而造成的扭伤。指关节扭伤后往往伴有关节肿胀、疼痛、功能受阻等症状。如果扭伤较为严重，甚至会出现关节变形的情况，此时的痛感更为强烈，应立刻送往医院进行进一步的治疗。

（2）处理方法。①轻度指间关节扭伤可采取冷敷或者轻度拔伸牵引的方式处理，然后用粘膏、胶布等将患指固定在旁边手指上，第三天开始做手指屈伸活动。②发生重度扭伤时需立刻送往医院进行治疗。

8. 骨折的症状及处理方法

（1）症状。骨折可以说是较为严重的运动损伤。一般来说，骨折有不完全性骨折和完全性骨折两种。造成骨折的原因通常是运动中身体某部位受到外力撞击。骨折后伴随的症状为剧烈疼痛、皮下出血、损伤位置肢体部分或完全丧失功能。严重的骨折甚至还会损伤体内脏器和神经，甚至致人休克。

（2）处理方法。①骨折后谨慎移动伤肢，找工具尽快固定伤肢，特别是要限制骨折断端的活动。②如果是开放性骨折，则应首先采用止血带法和压迫法止血，包扎后立刻送往医院。应特别注意不要对可能暴露在身体外的骨骼断端还纳，也不要任意去除，防止发生感染现象。③伤肢固定稳妥后要注意伤者的保暖，每过一段时间就要检查一下固定情况。如果是对四肢的固定，务必要定时观察肢端情况，询问伤者是否有麻木、发冷的情况，而如果确定有则证明包扎过紧，影响了血液流通，要适时放松一些。④如果伤者出现了休克或大出血等情况，应首先予以抢救，并让伤者服用止痛药、针刺人中等。

三、运动疾病的防治

（一）出现运动疾病的原因

运动锻炼在提升青少年身体素质的同时，也可能因不科学的安排或其他外部因素引发运动疾病。这类疾病的成因复杂，涉及运动方式、心理状态、生活习惯以及营养摄入等多方面（见图6-3）。以下从不同角度分析运动疾病的主要诱因。

图 6-3　出现运动疾病的原因

1. 运动安排不科学

青少年在参与体育锻炼时，如果运动负荷量过大且缺乏必要的休息，容易产生运动疲劳。长时间高强度的训练可能导致体内器官和系统出现功能紊乱或病理性改变。例如，在运动员伤病尚未完全恢复的情况下过早参与训练，或连续参加比赛而未能充分调整状态，都可能使身体陷入疲劳状态，最终导致各种运动疾病的产生。此外，运动负荷增加过快也容易超出身体的适应范围，进而引发肌肉损伤、关节问题等。

2. 心理状态不稳定

青少年的心理状态对运动表现和健康状况有直接影响。当青少年心理浮躁时，往往会导致身体调节能力下降，从而引发运动相关疾病。这一点已被多项实践所证实，特别是在高压比赛或重要训练阶段，心理问题容易表现为身体功能的异常，如心率波动、免疫力下降等。因此，维持良好的心理状态对预防运动疾病至关重要。

3. 运动项目的特点

不同的运动项目对身体的要求不同，其特点也可能成为疾病诱发的因素。对于耐力类项目，如长跑或游泳，由于身体需要长时间承受高强度负荷，容易出现过度训练综合征，表现为肌肉痉挛、头晕甚至运动性贫血。在对抗性运动项目中，因身体频繁受到外部冲击，可能导致运动性腹痛、晕厥、运动性蛋白尿或血尿等症状。特别是高强度的训练和比赛期间，身体反复遭受损伤时，疾病的发生率明显上升。因此，针对不同运动项目的特点制订科学的训练计划显得尤为重要。

4. 生活不规律

生活习惯对青少年的健康影响深远。无规律的作息习惯，例如熬夜或睡眠不足，会破坏身体正常的代谢和修复机制，削弱免疫力，从而为运动疾病的发生创造条件。青少年需要确保充足的睡眠时间，并保持按时起床和休息的习惯。此外，适当的娱乐和放松活动可以有效缓解精神压力，避免因生活节奏紊乱而引发的健康问题。

5. 营养摄入不合理

营养是支撑青少年运动的基础。若饮食不合理，如挑食、偏食或饮食不规律，会导致身体所需营养素无法得到充分补充。缺乏必要的微量元素和维生素可能引发代谢紊乱，导致身体能源储备不足，从而增加产生运动疾病的风险。例如，因铁摄入不足引起的运动性贫血会使青少年在运动时出现头晕、疲劳等症状。类似地，缺乏钙、镁等元素可能增加肌肉痉挛或骨骼损伤的发生概率。因此，合理安排膳食，确保营养均衡，对青少年的体育锻炼和身体健康都至关重要。

（二）运动疾病的预防

出现运动疾病是青少年在体育锻炼中常见的问题之一，科学的预防措施可以有效降低其概率，保障青少年的健康发展。下面将从制订科学的锻炼计划、避免运动疲劳积累以及加强医务监督三个方面详细探讨运动疾病的预防方法。

1. 制订科学的锻炼计划

科学的锻炼计划是预防运动疾病的基础。制订计划时，需要结合青少年的性别、年龄、身体状况和运动基础等因素，量身定制符合个体需求的锻炼安排。过于单一或不适合青少年特点的运动计划可能引发身体负担过重的问题，从而导致运动损伤或其他健康隐患，所以计划的制订应以循序渐进为核心原则。初始阶段可以选择强度适中的项目，逐步增加训练量和难度，以便身体有充足的时间适应。与此同时，运动项目的选择需具有针对性，如根据青少年的身体特点和兴趣爱好，安排适合的耐力、力量或灵敏度方面的训练，这样不仅能提升锻炼效果，还能提高青少年的参与积极性。

2. 避免运动疲劳积累

运动疲劳是导致运动疾病的重要原因之一。青少年在了解运动疲劳的产生机制后，可以采取科学的措施有效缓解和预防。首先，充足的睡眠是消除运动疲劳的关键。青少年应养成规律的作息习惯，确保每天的睡眠时间充足，从而为身体恢复提供保障。其次，在非训练时间避免安排过多的娱乐活动，以免加重身体和心理负担。最后，合理的膳食营养也是恢复体力的有效手段。通过科学的饮食搭配，补充身体所需的能量和营养，可以帮助青少年在运动后快速恢复。针对已有的疲劳状态，可以适当采用一些恢复手段，如针灸、按摩和理疗等。这些方法能够促进身体血液循环，缓解肌肉紧张，改善疲劳状态。定期休息与放松同样重要，可以通过户外散步、深呼吸等轻松的活动缓解身体的紧张感。

3. 加强医务监督

医务监督是保障青少年安全参加体育锻炼的重要措施。定期体检可以帮助及时发现身体的潜在问题，避免运动过程中因健康隐患而引发疾病。体检的重点应包括心肺功能、骨骼健康和肌肉耐力等方面的评估。在锻炼中，加强医务监督有助于实时掌握青少年的身心状态。例如，通过监测运动心率和运动表现，可以了解训练是否超出身体的承受范围，从而对训练强度进行及时调整。医务监督还可以提供科学的反馈信息，帮助青少年制订更加安全、有效的锻炼计划。

此外，运动场地、器械和防护设备的定期检查也是医务监督的重要组成部分。通过及时排除潜在的安全隐患，可以降低设施不完善导致的运动风险。

（三）运动疾病的处理

1. 过度紧张

青少年出现过度紧张时，常见的症状包括恶心、呕吐、头晕以及头痛等。如果情况进一步恶化，可能会出现呼吸困难，甚至神志不清等严重反应。这种情况需要及时采取有效措施，否则可能对身体健康造成更大的危害。

针对过度紧张的症状，及时处理是确保安全的重要手段，以下四种方式可以有效应对：

（1）立即停止运动并休息。当青少年出现过度紧张症状时，应立即停止当前的体育活动，为身体提供足够的休息时间。这种休息不仅能够减轻身体的不适，还可以为进一步的急救处理提供条件。让患者远离高强度的运动环境，可以避免症状加剧。

（2）调整体位与松解衣物。在急救处理时，应将患者安排在平卧或半卧的姿势，尤其对于心功能不全的青少年，半卧姿势能够减轻心脏负担。此外，要及时松解紧束的衣物，确保呼吸通畅，同时注意保持患者的身体温暖，避免因体温下降而加重病情。

（3）针灸或穴位急救。针对轻度至中度的过度紧张症状，可以通过刺激特定的穴位来缓解。例如，点掐内关穴和足三里穴可以有效调节血液循环，缓解身体的不适感。如果患者昏迷，还可以掐按人中、百会、合谷以及涌泉等穴位，这些穴位的刺激能够促进血液流动，并使患者迅速恢复意识。

（4）人工急救和送医。如果过度紧张发展到呼吸或心跳停止的严重程度，必须立刻实施人工急救。可以进行人工呼吸和胸外心脏按压，以维持患者的生命体征。在现场急救的同时，应尽快联系医疗机构，将患者送往医院接受专业救治。及时的专业治疗是避免病情恶化的关键。

2. 肌肉痉挛

肌肉痉挛，常被称为"抽筋"，是肌肉因过度紧张、超负荷运动或技术动作超过肌肉承受范围而引发的不自主收缩。这种现象常发生于运动过程中，通常表现为局部肌肉的剧烈疼痛、肢体僵硬，甚至出现暂时的运动障碍。对于经常参加体育活动的青少年来说，肌肉痉挛是一种较为常见的不适反应，需要及时采取适当的处理方式。

（1）轻度症状的牵引缓解。对于症状较轻的肌肉痉挛，通常可以通过均匀的牵引手法来缓解。缓慢拉伸痉挛的肌肉，使其恢复正常状态，这样能够有效缓解紧绷的状况，减轻疼痛感。

（2）腿部抽筋的处理。若抽筋发生在腿部肌肉，如小腿或大腿，处理方法需重点关注拉伸受影响的肌肉群。此时，可以尽量伸直膝盖，同时将脚踝向上拉伸，拉长抽筋的肌肉，以缓解其紧张状态。通过这种方式，可以促进局部血液循环，有效缓解不适。

3. 运动性腹痛

运动性腹痛是指在体育锻炼过程中因运动诱发的腹部生理性疼痛，其主要原因通常包括运动前或运动中准备活动不足、胃肠道出现痉挛、腹直肌过度紧张以及呼吸节奏紊乱等。青少年在参加体育锻炼的过程中，如果发生运动性腹痛，可以采取以下处理手段：

（1）区分腹痛性质。了解腹痛性质，判断是运动性生理疼痛，还是由运动引起或突发性的病理性疼痛，如果是病理性疼痛应及时去医院进行治疗。

（2）降低运动强度。当出现运动性腹痛时，应降低运动负荷，按压疼痛部位慢跑，以缓解症状。

4. 运动性低血糖

运动性低血糖通常发生在青少年空腹参与体育锻炼或长时间进行剧烈运动的情况下。当机体内的糖分被大量消耗却得不到及时补充时，容易引发这一现象，表现症状包括面色苍白、焦躁不安、心情烦躁，严重时可能导致昏迷。为了保障运动安全，应在症状出现时迅速采取有效措施。

（1）立即补充能量。一旦出现低血糖的轻微症状，应立即停止运动并采取平卧姿势，注意保持身体的温暖。随后，可以让患者饮用浓糖水或者吃少量含糖食品，以快速补充体内缺乏的糖分。如果患者已经进入昏迷状态，应采用静脉注射方式，输入 40~100 毫升 50% 葡萄糖溶液，以尽快恢复体力。

（2）采取紧急唤醒措施。对于因低血糖晕倒或昏迷的患者，可以使用针刺急救法，通过针刺人中、百会、涌泉、合谷等穴位，刺激患者神经中枢以促使其苏醒。在患者恢复意识后，应立即为其补充糖分，同时安排进一步的医疗处理。

5. 运动性高血压

青少年长期未参加体育锻炼或者突然参加高强度的体育运动锻炼时，容易引发运动性高血压，其症状主要表现为头晕、头疼。青少年在参加体育锻炼过程中，如果出现运动性高血压现象，可以采取以下处理措施：

（1）运动中如有不适，应及时休息。

（2）避免剧烈运动，平时养成良好的生活习惯和运动习惯。

（3）给予药物治疗。

（4）有高血压史者参加体育锻炼应遵医嘱，做好必要的预防措施。

6. 运动性贫血

运动性贫血指正常男子的血红蛋白含量为 0.69~0.83 毫摩尔每升，正常女子的血红蛋白含量为 0.64~0.78 毫摩尔每升。运动性贫血是运动不当导致的血液中红细胞数和血红蛋白量低于正常值的情况。出现运动性贫血时，会有眩晕感、乏力感，应及时减少运动量，必要时停止运动。

7. 运动性血尿

运动性血尿是指在参加体育锻炼的过程中由于运动过量引起显微镜下血尿，并无其他疼痛和不适。青少年在出现运动性血尿现象时，可以采取以下处理措施：

（1）少量血尿表现者，减少运动量，注意观察。

（2）出现肉眼可见血尿，应立即停止运动，送往医院进行诊治。

8. 运动性中暑

在炎热的夏季参加体育锻炼时，人的身体热量不能及时散发，容易出现中暑的现象。在发生中暑后，通常人会感到乏力、头晕头痛，并出现呕吐、体温升高等现象，严重者还会出现痉挛、心律失常、昏倒等现象。青少年在参加体育锻炼的过程中，如果发生运动性中暑现象，可以采取以下处理措施：

（1）当发现有中暑先兆时，可以将患者移至通风阴凉处休息，让其适当地饮用一些解暑药物。

（2）当出现痉挛症状时，牵伸痉挛肌肉，并服用含盐清凉饮料。

（3）当出现衰竭症状时，服用含糖、盐饮料，并对四肢进行按摩。

（4）当出现昏迷症状时，可针刺人中、涌泉、中冲等穴位，然后送往医院救治。

9. 运动性昏厥

运动性昏厥是指暂时性的知觉和行动能力丧失，也就是人们通常所说的休克。发生休克时，一般会出现头昏、无力、眼前发黑、恶心等症状。青少年在参加体育锻炼过程中，如果出现运动性昏厥，可以采用以下处理措施及注意事项：

（1）平卧，头放低，足垫高，松解衣带，热毛巾擦脸，嗅氨水或点指其人中、百会、合谷等穴位，做向心推摩。

（2）未恢复知觉前或有呕吐现象时，切忌饮食。

10. 延迟性肌肉酸痛

在进行长时间的体育锻炼后，青少年可能在第二天会出现肌肉酸痛现象，这就是所谓的延迟性肌肉酸痛，出现这一症状时，可以采取以下措施：

（1）热敷或按摩酸痛肌肉。

（2）口服维生素 C，以缓解症状。

（3）做局部针灸和电疗处理。

第四节　体质健康促进服务体系的构建

一、体质健康促进服务体系的概念

体质健康促进服务指的是为满足青少年体质健康需求并对其过程实施监控指导而提供的产品和行为的总称。体质健康促进服务体系可以说是一个满足青少年体质健康需求并对其过程实施监控指导的要素构成的有机整体。建立这一体系能为促进青少年体质健康提供有效的指导和帮助。

二、构建青少年体质健康促进服务体系的对策

青少年体质健康是社会发展的重要基础，其促进服务体系的构建需要从多个方面入手，确保青少年能够全面提升身体素质，养成健康的生活方式。青少年体质健康促进服务体系构建主要从四个方面入手（见图6-4）。

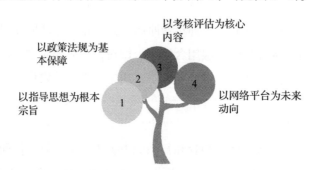

图6-4　青少年体质健康促进服务体系构建的对策

（一）以指导思想为根本宗旨

在健康中国背景下，构建一个健全的青少年体质健康促进服务体系，首先要明确基本指导思想，然后以此为根本宗旨。青少年体质健康促进服务体系构建的指导思想是"关注健康，关注学生，为建构青少年体质健康促进服务体系，服务广大高校学生，须本着发扬'一切为了学生，为了一切学生'的奉献

精神，坚持面向全体学生，以增进学生健康，强健学生体魄，增强学生体质为根本目标，立足于现实，着眼于学生终身体育发展的需要，高度重视学生终身体育意识、兴趣、习惯和能力的培养，为提高全体青少年身体、心理与社会适应等整体健康水平服务"。在这一思想的指导下，政府和高校有关部门要积极探索对青少年体质健康进行干预的科学手段，加强青少年体育锻炼意识与习惯的培养。

（二）以政策法规为基本保障

政策法规在青少年体质健康方面发挥着十分重要的作用，它能保障体质健康促进工作的顺利开展。因此，构建青少年体质健康促进服务体系需要以政策法规为基本保障。只有政府从政策上加以干预，加强监督与管理，才能更好地落实体质健康促进工作。需要注意的是，政府政策在青少年体质健康管理中主要起间接调控作用，而发挥直接调控作用的是各级教委，他们是青少年体质健康的管理主体，但直接调控也要以政府的权力为依托。

政府出台的政策只有真正落到实处，才能发挥作用，高校要积极响应政府的号召，充分落实相关政策法规，并以政府政策为依据制定具体的体质健康促进服务措施，培养学生的终身体育观念，为学生的体质健康提供良好的服务。

总之，加强政府的政策干预，加大政府部门的监管力度，对青少年体质健康促进的内容不断加以深化与完善，是青少年体质健康促进服务体系不断健全与完善的长效机制。

（三）以考核评估为核心内容

为确保运动锻炼的科学性，需要对青少年的体质健康进行一定的评估，这也是对青少年体质健康促进服务体系成果进行检验的核心手段。要使青少年体质健康促进服务的开展得到保障，就要满足仪器设施准确、项目测试合理、考核评估方式科学、数据上传真实等基本条件。在青少年体质健康考核评估中，需要解决的首要问题就是完善高校软硬件设施，硬件方面主要是统一测试仪器和评判标准，软件方面主要是挑选道德素质高、专业水平高的测试人员对青少年进行考核评估。对青少年体质健康进行考核评估，要做到公平、公正、公开，针对不同年龄和性别的学生选择不同的测试项目，同时评估标准也要合理，这样才能得出准确客观的评估信息，从而为制订科学合理的运动锻炼计划或方案提供重要的依据。

（四）以网络平台为未来动向

现代社会已进入网络信息时代，因此要充分利用互联网资源，构建网络管理平台，加强信息化管理，这对于青少年健康促进服务体系的建设是非常有帮助的。

在构建青少年体质健康网络信息平台时，需要注意平台的多功能性特点，以准确采集数据、全面分析数据、快速上传数据，从而提高监测的专业性与效率。此外，构建青少年体质健康网络信息平台离不开政府出台相关政策以及青少年、家长、教师等的积极配合，这样才能提高网络平台的运作效率，为青少年参加体育锻炼提供良好的保障。

参考文献

［1］常笑.体育科学视角下的青少年体质健康改善策略[J].文体用品与科技，2024（12）：88-90.

［2］陈海棠.深化体教融合背景下儿童青少年体质健康促进研究[J].运动精品，2023，42（3）：57-60.

［3］陈仁花，鲍秋香.关于数字体育背景下陕西省青少年体质健康路径与策略研究[J].文体用品与科技，2024（14）：138-140.

［4］陈迎雪.体医融合视域下青少年体质健康管理探究[J].中国农村卫生，2023，15（11）：42-45.

［5］丁小燕.基于青少年体质健康促进的体育教育改革[J].当代体育科技，2024，14（16）：182-185.

［6］董露露，陈亮，刘一平.不同运动方式对儿童青少年体质健康提升效果的差异[J].中国体育科技，2022，58（12）：28-36.

［7］范贝.体医融合背景下我国青少年体质健康促进研究[D].杭州：杭州师范大学，2021.

［8］付常喜，刘娜.智慧体育助力青少年体质健康高质量发展研究[J].文体用品与科技，2023（24）：193-195.

［9］葛占一.政策文本视角下我国青少年体质健康促进政策内容分析[D].新乡：河南师范大学，2023.

［10］国家体育总局青少年体育司，国家体育总局体育科学研究所.儿童青少年运动健康促进科普问答[M].北京：人民邮电出版社，2020.

［11］韩奇.现代体育教育与健康促进实施路径探索[M].北京：中国书籍出版社，2022.

［12］韩姗姗，李博.协同治理视角下青少年体质健康的社会化服务体系构建研究[J].文体用品与科技，2023（14）：34-36.

［13］李冲，葛国政，史曙生，等.青少年体质健康智慧治理的关键要素及实施路径 [J].体育文化导刊，2023（11）：30–36.

［14］李建臣，任保国.青少年体能锻炼与体质健康 [M].北京：化学工业出版社，2014.

［15］李君璞，徐瑾，乔宏涛，等."双减"政策背景下青少年体质健康发展的现状及路径研究 [J].辽宁体育科技，2023，45（3）：5–9.

［16］李康福.基于大数据治理的青少年体质健康促进路径研究 [J].体育科技文献通报，2023，31（5）：125–128.

［17］李石庄.体育锻炼对青少年体质健康影响的研究 [D].重庆：西南大学，2010.

［18］李小林，肖雪武.现代竞技体育体能训练促进我国青少年体质健康对策 [J].文体用品与科技，2023（11）：98–100.

［19］李艳萍.体质适应性校园运动促进青少年健康发展措施研究 [J].文体用品与科技，2022（18）：133–135.

［20］李增.我国青少年体质健康促进政策的演进脉络与优化策略 [D].贵阳：贵州师范大学，2023.

［21］刘桉凯，伊晓，丁晓丹.健康中国视域下青少年体质健康提升策略研究 [J].文体用品与科技，2024（20）：7–9.

［22］刘满.体育强国视域下青少年体质健康的综合干预研究 [M].长春：吉林大学出版社，2020.

［23］陆征宇.青少年学生体质健康促进因素及发展路径探析 [J].文体用品与科技，2022（16）：39–40.

［24］马德浩.发达国家青少年体质健康协同治理的经验与启示 [J].沈阳体育学院学报，2022，41（5）：69–75.

［25］马威，吴湘军，郭振华，等.民族传统体育项目对青少年体质健康影响的研究进展 [J].武术研究，2024，9（4）：120–123.

［26］毛小平.啦啦操对我国青少年体质健康的促进作用研究 [J].文体用品与科技，2023（13）：135–137.

［27］孟祥波，刘红建.我国青少年体质健康促进的现实困境与突破 [J].南京体育学院学报，2022，21（7）：15–20.

［28］孟泽，闫祥帅.体教融合促进青少年体质健康存在的问题和实现路

径研究 [J]. 当代体育科技，2023，13（1）：143-146.

［29］泮贝贝，何吉，阮汀汀. 信息化体育锻炼对青少年体质健康影响的评价研究 [J]. 文体用品与科技，2024（2）：109-111.

［30］沈墅，陈俊，李鹏程. 青少年体质健康促进的家校协同机制研究 [J]. 荆楚理工学院学报，2024，39（5）：37-42，67.

［31］师英果，宋晓露. 新时代背景下青少年体质健康发展的有效实施路径 [J]. 文体用品与科技，2024（17）：91-93.

［32］孙浩强，陈广良，尹雨嘉. 供给侧改革视域下青少年体质健康促进研究 [J]. 青少年体育，2022（8）：28-30.

［33］涂春景. 体质健康理论与实践研究 [M]. 长春：吉林人民出版社，2017.

［34］王磊，丁源源，王思乐. 我国儿童青少年体质健康家校社多元联动模式的研究 [J]. 当代体育科技，2023，13（29）：140-144，150.

［35］王世君，蒋东云，冯富生，等. 体教融合促进青少年体质健康的困境与进路 [J]. 哈尔滨体育学院学报，2024，42（4）：92-96.

［36］王世君，蒋东云，冯富生，等. 体教融合对促进青少年体质健康发展的策略研究 [J]. 哈尔滨体育学院学报，2022，40（4）：92-96.

［37］王顺勇，张高阳. 数字体育背景下陕西省青少年体质健康发展的路径研究 [J]. 当代体育科技，2024，14（4）：161-164.

［38］夏义明. 智慧体育在青少年体质健康促进中的应用 [J]. 文体用品与科技，2024（22）：169-171.

［39］辛文娟，蒋东云，冯富生，等. 体教融合促进青少年体质健康的现实审视与推进路径 [J]. 体育科技，2024，45（5）：151-153.

［40］杨金凤. 苏州市青少年体质健康的影响因素及应对策略研究 [J]. 当代体育科技，2023，13（9）：89-92.

［41］于浩然，母庆磊. 体教融合视域下青少年体质健康发展的困境与对策 [J]. 当代体育科技，2022，12（28）：154-157.

［42］于善. 体教融合背景下青少年体质健康发展探究 [M]. 长春：吉林人民出版社，2022.

［43］张奥瑶，何梦雪. 青少年体质健康大数据信息技术管理研究 [J]. 文体用品与科技，2024（5）：164-166.

［44］张利.体教融合背景下青少年体质健康影响因素及应对策略 [J].青少年体育，2023（11）：48–50.

［45］张天成，周县委，王澳伦.青少年体质健康促进的社会生态模型构建与实施策略 [J].当代体育科技，2023，13（31）：194–198.

［46］张雨刚，庄园.合作治理视域下青少年体质健康体医融合研究 [J].辽宁体育科技，2024，46（2）：59–65.

［47］郑雪莲，刘冉，苏清芳，等.体教融合背景下青少年体质健康路径和策略研究 [J].当代体育科技，2023，13（2）：113–116.

［48］周贤.体育课模块化运动对青少年体质健康的影响 [D].武汉：武汉体育学院，2021.

［49］朱厚伟.时空社会学视角下青少年体质健康促进模式研究 [D].南京：南京师范大学，2021.

［50］朱宇，陈胜龙.社会学视域下青少年体质健康促进研究 [J].青少年体育，2024（2）：44–46.